SeaEagle

SeaEagle

懂得心理學，
才可以做出最好的選擇！

原來，什麼事都跟心理學有關

從生活實例
引入心理學的觀念和原理

賓士汽車公司為什麼要調高汽車的售價？
哈佛大學的教授如何製造出天才和笨蛋？
相撲名將為什麼會輸給毫無知名度的選手？
洛克菲勒家族為什麼要把土地捐贈給聯合國？

王琳 著

前言：心理學讓我們做出最好的選擇

「心理學究竟是什麼？」標準答案是這樣回答的：「心理學是研究人類心理活動的科學。」但這樣的回答卻使人對它有很大的誤解。

很多人的眼裡，心理學是一門很神秘的學科，認為心理學家會看出別人正在想什麼，會洞悉別人的情感，甚至以為心理學是可以算命的。應該說，這是對心理學的誤解。心理學真的有這麼神秘複雜嗎？其實不然，心理學就在我們日常生活中。

心理學一詞源於古希臘語，意即「靈魂之科學」。在中文中，我們習慣於把思想和感情叫做「心」，把條理和規則叫做「理」。心理就是心思、思想、感情的總稱，而心理學則是關於心思、思想、感情等規律的學問。也就是說，心理學是與我們的生活密切相關的，人類的任何活動都伴有心理現象。我們熟知的感覺、思維、想像、情感、意志以及個性，都是心理現象。人與人之間的互動、溝通的技巧，人際之間的壓力以及人際關係不良，不能適應這個社會的表現，都屬於心理學的範疇。

心理學已經越來越廣泛地應用於人們生活實踐的各個領域。

在這個心理學日益被廣泛關注的時代，這本書是一部及時的著作，全書以心理學家講故事的方式，化解讀者心中的各種困惑，引導讀者熱愛生活，關愛自己，以健康的心態迎接人生的挑戰。書中諸多化解心結的故事可以使讀者在需要的時候做自己的心理醫生，成為身心皆健康的現代人。

我們不變的希冀和祝願是：請你試著把本書放在枕邊，在閒暇或苦悶的時候，打開它，它可以幫助你更好地認識自己的內心世界，發掘自身的心靈潛力，永保身心的健康！

目錄

第2章：走出心理障礙

第3章：讓自己活在陽光下

第4章：健康從「心」開始

第1章

你就是自己的心理醫生

相撲名將為什麼輸了？

芸兒‧維荷曼曾經說：「把室內的燈打開後，我們不禁懷疑，黑暗有什麼好怕的。」

是的，當你把一切看得清楚明瞭時恐懼感就會自然瓦解，但是如果缺少趕走黑暗的這盞燈，你應該如何驅除心中的恐懼感？

有兩個人結伴穿越沙漠。走到半途，水喝完了，其中一個因為中暑而不能繼續前行。同伴把唯一一支槍遞給中暑者，再三吩咐：「槍裡有五顆子彈，我走了以後，每隔兩個小時，你就對空中鳴放一槍，槍聲會指引我前來與你會合。」說完，同伴滿懷信心地去找水。躺在沙漠中的中暑者卻滿腹狐疑：同伴能找到水嗎？能聽到槍聲嗎？會不會丟下自己這個「包袱」獨自離去？

夜幕降臨的時候，槍裡只剩下一顆子彈，而同伴還沒有回來。中暑者確信同伴早已離去，自己只能等待死亡，想像中，沙漠裡的禿鷹飛來，狠狠地啄瞎他的眼睛，啄食他的身體……終於，中暑者徹底崩潰了，把最後一顆子彈送進自己的太陽穴。槍聲響過不久，同伴提著滿壺清水趕來，找到中暑者溫熱的屍體。

很多時候，打敗自己的不是別人，而是自己本身，就像那位中暑者，他不是為沙漠惡劣氣候所吞沒，而是被自己狹隘的心理所擊毀。

無獨有偶。我們再看一個類似的例子。

日本相撲名將河野小川，在他相撲生涯的鼎盛時期，可以說是所向披靡，戰無不勝。可是，在一次區域性的對抗賽中，卻輸給體壇小將佐藤慕新，而且輸得很慘。

原來，二人剛一搭手，實力佔據絕對優勢而氣勢洶洶的河野小川就踩住自己因為疏忽而垂落過長的腰帶頭（一種特製的布條腰帶），沒等佐藤慕新接招，飛揚跋扈、取勝心切的小川就跌倒在慕新的胯下，而且摔傷膝蓋骨和肘骨……名噪一時的相撲驍將，就這樣因為自身的原因提前退出相撲的舞台。原本，勝敗乃兵家常事，但是河野小川的失敗就敗在他自己。

人的生命只有一次，是父母的給予和上蒼的恩賜，生命本身就是一種幸福。這僅有的一次生命，我們應該珍惜，不要輕易把自己打敗。

美國克萊斯勒汽車公司的首腦人物李・艾科卡，當初在福特汽車公司當職員時，曾經因為工作不被信任而遭辭退。

也就是這次辭退，激發他的自尊心，從此奮起，終於事業有成。

這些事都跟心理學有關

無數的實例證明，不管是戰場、商場，還是情場，人們面對的勁敵往往不是對手，而是自己。只要你不放棄，你的手中就有能使你走出陰影的明燈。

羅斯福總統的奮鬥精神

在美國，大概很少有比羅斯福總統更受讚譽的。直到今天，一提到他的名字，很多人會充滿懷念，很少有哪個總統能像他那樣有效地集政客、導師、鼓動者、政治家的品格於一身。也沒有誰能創下空前絕後的紀錄——在美國連任四屆總統，執政長達十二年之久，如果不是身體原因，不知道他還會將這個紀錄擴大到多少年。

然而，就是這個在政壇裡風光無限的偉人卻有自卑的童年生活，是母親教會他勇敢地面對生理上的缺陷，做一個堅強的、有所作為的人。

小富蘭克林・羅斯福原本是一個瘦弱膽小的男孩，每個人看見他，見到的總是滿臉的驚恐表情。

天生容易緊張的小羅斯福，每次被老師叫起來背誦課文時，他總是緊張得全身發抖，說話斷斷續續且含糊不清。

一般小朋友如果像他這種情形，一定會拒絕參加各種活動，也會越來越離群索居，不交朋友，只知顧影自憐，唉聲嘆氣。

然而，小羅斯福沒有這樣，雖然容易緊張，但對於自己的缺陷，他反而更加積極地面對，即使同伴們嘲笑他，他也不以為意，就像他面對緊張時嘴唇顫動的問題一樣，他堅定地對自己說：「只要我用力地咬緊牙床，阻止它們顫動，不久我就能克服緊張的情緒！」

小小年紀的羅斯福，每天總是堅定地告訴自己：「我一定要成為一個堅強的人！」當他看見其他小朋友活力十足地參與各種體育活動時，就會強迫自己也要參加，不管體力是否能夠負荷，每個人從他的眼神裡，都可以看見他堅定地想要成功的決心。

恐懼產生的時候，他會對自己說：「我一定可以！」

慢慢地，他克服怯懦，也克服身體上的缺陷，因為擁有不屈不撓的精神，讓他勇於面對任何可怕或困難的事。

雖然羅斯福在體育上不能出人頭地，可是他擅長辯論，是「辯論學會」的成員。他主張給予菲律賓獨立，主張加強海軍力量。他十六歲那一年，美西戰爭爆發，羅斯福準備和幾個同學一起投筆從戎，參加海軍去打西班牙人。可是，他忽然傳染上猩紅熱被隔離起來，失去參戰機會。然而，他的參戰願望從希歐多爾・羅斯福身上得到補償。人們認為他的堂叔老羅斯福在麥金利政府的海軍助理部長任內，對發展美國海軍發揮重大作用，而且他親赴前線參戰。於是，老羅斯福成為富蘭克林心目中的英雄。雖然如此，他還是反對兼併夏威夷。

為了讓自己更強壯，羅斯福利用假期時間加強體能訓練，他也是憑著這種奮鬥精神與自信，最終成為美國的第三十二任總統。

人無完人，每個人都有或多或少的缺陷，只要你能改變你的想法，你就能改變自己的人生。就像月亮不管圓缺，都發出照亮夜空的美麗月光。生命也是如此，不管我們以什麼樣的相貌出現，都不必自卑，你唯一需要的，就是相信自己。

這些事都跟心理學有關

不要因為身上的缺陷而自暴自棄，只要我們不放棄自己，勇敢地走出自卑的陰影，我們都會有所收穫，只要你相信你能，你就一定無所不能。

松下幸之助的長壽秘訣

松下幸之助被譽為「經營之神」，他不是一個社會的幸運兒，不幸的生活卻促使他成為一個永遠的抗爭者。家道中落的松下幸之助九歲起就去大阪做一個小夥計，父親的過早去世使得十五歲的他不得不擔負起全家的重擔，寄人籬下的生活使他體會到做人的艱辛。

一九一〇年，他來到大阪電燈公司做一名室內安裝電線練習工，一切從頭學起。後來，他誠實的品格和良好的服務贏得公司的信任。二十二歲那年，他晉升為公司最年輕的檢察員。就在這時，他第一次遇到人生最大的挑戰。

有一天，他發現自己咳的痰中帶血，這使他非常害怕，因為這種奇怪的家族病史，已經有九位家人在三十歲前離開人世，其中包括他的父親和哥哥。當時的境況使他不可能按照醫生的吩咐去休養，他沒有退路，反而對可能發生的事情有充分的精神準備，只能一邊工作一邊治療，這使他形成一套與疾病抗爭的辦法：不斷調整自己的心態，以平常之心面對疾病，調動肌體自身的免疫力、抵抗力與病魔對抗，使自己保持旺盛的精力。這樣的過程持續一年，他的身體也變得結實起來，內心也越來越堅強，這種心態也影響他的一生。

患病一年來的苦苦思索，希望改良插座得到公司採用的願望受挫，使他下決心辭去公司的工作，開始獨立經營做插座生意。

松下電器公司不是一個一夜之間成功的公司，創業之初，正逢第一次世界大戰，物價飛漲，松下幸之助手裡的所有資金還不到一百元，困難可以想像。公司成立後最初的產品是插座和燈頭，然而千辛萬苦生產出來的產品遇到棘手的銷售問題，工廠到了難以為繼的地步，同事們相繼離去，使松下幸之助的境況變得很糟糕。

但是他把這一切看成是創業的必然經歷，他對自己說：「再下一點功夫，總會成功的！已經有更接近成功的把握。」他相信：堅持下去取得成功，就是對自己最好的報答。

皇天不負苦心人，生意逐漸有轉機，直到六年後拿出第一個像樣的產品也就是自行車前燈時，公司才慢慢走出困境。

走出困境的松下電器公司面對的不是一帆風順的坦途，而是一連串洶湧波濤的開始。一九二九年經濟危機席捲全球，日本也未能倖免，銷量銳減，庫存激增。

第二次世界大戰的爆發使日本經濟走上畸形，日本的戰敗使得松下幸之助變得幾乎一無所有，剩下的是到一九四九年時達十億元的巨額債務。為了抗議把公司定為財閥，松下幸之助不下五十次地去美軍司令部進行交涉，其中辛苦自不必言。

一次又一次的打擊沒有擊垮松下幸之助，他享年九十四歲高齡，這也向人們表明，一個人只有從心理上、道德上成長起來時，他才可以長壽。他之所以能夠走出遺傳病的陰影，安然度過企業經營中的一個個驚濤駭浪，得益於他永保一顆年輕的心，並能坦然應對生活中的挫折和磨難。松下幸之助說過：「你只要有一顆謙虛和開放的心，你就可以在任何時候從任何人身上學到很多東西。無論是逆境或順境，坦然的處世態度，往往會使人更聰明。」

在黑暗中徘徊時，陽光可以指引你前行的路，而在悲嘆之中，才能領略人生真義。廣闊的世界、漫長的人生，未必都充滿稱心如意的事情。倘若可以沒有任何苦惱和憂慮，平安地享受太平，就是求之不得。然而，事實往往並非如此，有時候日坐愁城，有時候一籌莫展，陷於進退維谷的絕境。

儘管如此，人往往在悲嘆之中，才能領略到人生的深奧；置身絕境，才可以體驗到社會的真味。

這些事都跟心理學有關

把「置身絕境」看成是「以身體驗」的珍貴的機會。明白這一點，則面臨艱難，能勇氣百倍、精力充沛。只有如此，才能湧出新的智慧，轉禍為福。心中有這種認識，就像一道陽光，照射黑暗的地方，引領人鼓起勇氣，勇往直前。

我們最大的敵人，其實是自己

唐宋八大家之一的韓愈，曾經說過一句名言：「一犬吠影，百犬吠聲。」

意思是說，一隻狗會因為見到可疑的影子而大叫，其他的狗聽見聲音也會跟著叫起來。很多時候，我們所害怕的東西，起初只是一個模糊的影子，而最後把你打敗的，也正是這個經過眾人無限擴大的影子。

除了自己，沒有任何人可以使你沮喪消沉。

你是否曾經覺得自己就是自己最大的敵人？許多人都有這樣的經驗，無論做什麼事，結果往往不能如願，出了問題，只好責怪自己。

人的一生總會遇到一些惡人，如流氓、無賴、小人，此等衣冠禽獸之徒可惡之極，但是看穿了，只是一堆「垃圾」。人最大的敵人，還是自己。一個人能戰勝自己，也就攻無不克、戰無不勝。怕的是自己生病了，茫然不知，處事猶豫不決，或過高地評估自己，由此而自大；或過分地崇拜他人，由此而自卑。如果戰勝自己，也就在思想上有一個飛躍，人生會打開新的一頁。

正如你是自己最大的敵人一樣，你也可能成為自己最好的朋友。當你具備某種品德，能接納自己，心靈變得成熟起來，你就會欣喜地發現，你已經成為自己最好的朋友。確定一個長遠的目標，並且著手培養自己的能力，修正自己的錯誤。當你開始行動時，你就會瞭解到真正支持你邁向成功之路的人，正是你自己。

有一個潦倒落魄的人，非常想使自己糟糕的處境有所改變，然而在工作上卻偷奸耍滑，應付了事。他認為自己的薪水太少，在工作上偷懶是應該的。這樣的人不懂得改變處境的方法，他的懶惰、自欺欺人的想法，不僅無法擺脫貧窮，而且還會使自己深陷於更加困苦之中。

這個故事說明一個道理：自身是造成所處環境的原因（雖然人們平時沒有意識到）。一些人一方面展望美好的人生目標，另一方面卻不斷抱怨自身的處境，將所有原因全部歸咎於他人，因此失敗的例子比比皆是。人只有真正懂得思想的巨大作用，環境就不會成為失敗的藉口。

有人說，沒有爬不上去的山，只有不敢爬山的人。

我們在爬山之前，需要準備什麼？

記得，生物課時講解植物的光合作用重要性之前，老師出了一道腦筋急轉彎的題讓同學們猜：有一樣東西，它隨處可見又來去無蹤，唾手可得又珍貴異常，人們不可須臾離開它，又經常把它遺忘。結果，有人答風雨，有人答愛情，有人答金錢，還有人答老師，就是沒有人答出正確答案——陽光。

戴爾・卡內基曾經說：「快樂的人生，表示心中充滿陽光。」

這些事都跟心理學有關

當我們身處陰影之中，破繭而出不困難。只要自己不倒，什麼力量也不能把你擊倒；最重要的是在內心深處把陽光鎖定，隨時保持一顆健康明麗之心，讓內心充滿陽光。

快樂對每個人都是公平的

一對靠撿破爛為生的夫妻，每天一早出門，拖著一部破車到處撿拾破銅爛鐵，等到太陽下山時才回家。他們回到家的時候，就在門口的院子裡擺上一盆水，搬一張凳子把雙腳浸在盆中，然後拉弦唱歌，唱到月正當空，渾身涼爽的時候他們才進房睡覺，日子過得非常逍遙自在。

他們對面住了一位很有錢的員外，他每天都坐在桌前打算盤，算算哪家的租金還沒收，哪家還欠帳，每天總是很煩。他看對面的夫妻每天快樂地出門，晚上輕鬆地唱歌，非常羨慕也非常奇怪，於是問他的夥計說：「為什麼我這麼有錢卻不快樂，對面那對窮夫妻卻會如此地快樂？」

夥計聽了，就問員外：「員外，想要他們憂愁嗎？」

員外回答：「我看他們不會憂愁的。」

夥計說：「只要你給我一貫錢，我把錢送到他家，保證他們明天不會拉弦唱歌。」

員外說：「給他錢，他一定會更快樂，為什麼不會再唱歌？」

夥計說：「你儘管給他錢就是了。」

員外果真把錢交給夥計，當夥計把錢送到窮人家時，這對夫妻拿到錢真的很煩惱，那天晚上竟然睡不著。想要把錢放在家中，門又無法關緊；要藏在牆壁裡面，牆用手一扒就會開；要把它放在枕頭下又怕丟掉；要……他們一整晚都為這貫錢操心，一會兒躺上床，一會兒又爬起來，整夜就這樣反覆折騰，無法成眠。

妻子看丈夫坐立不安，也被惹煩了，就說：「現在你已經有錢了，又在煩惱什麼？」

丈夫說：「有了這些錢，我們應該怎樣處理？把錢放在家中又怕丟了，現在我滿腦子都是煩惱。」

隔天一早他把錢帶出門，在整條街上繞來繞去，不知道要做什麼，繞到太陽下山，月亮上來了，他又把錢帶回家，垂頭喪氣地不知如何是好。想做小生意不甘願，要做大生意錢又不夠，他向妻子說：「這些錢說少也不少，說多又做不了生意，真正是傷腦筋啊！」

那天晚上，員外站在對面，果然聽不到拉弦和唱歌快樂，就到他家去問他怎麼了。這對夫妻說：「員外啊！我們把錢還給你好了。我們寧可每天一大早出去撿破爛，也比有了這些錢輕鬆啊！」這個時候，員外突然恍然大悟。原來，有錢不知布施，也是一種負擔。

什麼樣的人生才是快樂的？

每個人對快樂的感覺是不一樣的。秋高氣爽的日子，登高遠眺是一種快樂，海邊觀潮也是一種快樂；細雨綿綿的日子，撐傘漫行是一種快樂；熱鬧時，瘋狂舞動是一種快樂；冷落時，悄然獨處也是一種快樂……快樂，是無處不在的，它對每個人都是公平的，但是有許多人感受不到快樂的存在。

這些事都跟心理學有關

其實，沒有陰影的簡單生活，就是一種快樂。把自己置於百姓們平淡如水的衣、食、住、行中，才會在司空見慣的日子裡吮吸人間的真情，在默默付出的同時，獲得精神的滿足和幸福，我們何樂而不為？

「心理暗示」的威力

西方有一句名言：「一個人的思想決定他的為人。」此語概括人生的全部內容，道盡人間百態。人內心的想法可以透過其行為不折不扣地反映出來，所有思想都匯集在一起，就形成其獨特而豐富的人格。如同沒有種子的發芽就沒有禾苗的茁壯成長一樣，人們外在的言行舉止都是由內心隱藏的思想種子萌芽而來——無論是自然行為，還是人類刻意為之，這一點都毫無例外。如果行為是思想綻放的花朵，快樂與痛苦就可以被看作是思想結下的果實。

因此，收穫快樂還是痛苦，全部取決於自己的想法。想法造就出個性，一念之間往往決定一生的命運。如果人心包藏歪念，痛苦就會接踵而至，猶如車輪一樣輾過；如果心誠意正，快樂就會如影相隨，永遠陪伴左右。

很多時候，當我們身處恐懼時，使我們更加恐懼的不是生活中的某些事物，而是指導我們行為的想法。

有一個國王非常殘忍，不只經常草菅人命，甚至在每次處決死刑犯時，他都將之視為一種刺激和快樂，想要不斷嘗試更新奇的花樣。

一次，有一位犯人被告知自己第二天將要被處以極刑，行刑的方式是在他手臂上割一個五公分大的傷口，讓血一滴一滴慢慢流，直到他遍身痛苦，鮮血流盡為止。

犯人聽了驚恐不已，要眼睜睜地看著自己的生命流逝，這簡直比五馬分屍更加殘忍。犯人百般哀求，但國王卻無動於衷。

隔天一大早，這名犯人被帶到一個小房間中，並且被五花大綁，牢牢地鎖在一面牆壁上。牆上有一個剛好可以伸進一條手臂的小孔，劊子手把他的一隻手從孔中穿到牆的另一面，讓犯人看不到自己的手。

接著，犯人感到一陣灼熱的疼痛，劊子手在他的手臂上割開一個洞，並且在地上放了一個瓦罐來盛血。

「滴答……滴答……」鮮血一滴滴地滴進瓦罐中，四周安靜無聲。牆壁這邊的犯人聽著自己的血滴進瓦罐中的聲音，一會兒就感覺像是過了一個世紀那麼長。他覺得全身的血液都在朝著手臂湧去，像瀑布一樣，越來越快地流向地上的瓦罐。

不一會兒，他覺得身體越來越冷，意志也隨著鮮血消逝；他手腳發軟，整個人癱了，掙扎幾下就死了。

在牆的那一邊，他手上的那個傷口早就不流血了。劊子手在靠近牆壁的桌子上放著一個水瓶，那些「滴答滴答」的聲音其實是水瓶中的水通過漏斗管子滴進瓦罐裡的聲音。

國王這次玩的花招叫做「心理暗示」。他用一種強烈的心理暗示，讓犯人自己殺死自己。

就好像每個人都知道在完成自己的目標之前，多多少少都會遇到困難，但不是每個人在遇到困難時都會思考：這個困難，到底算不算是「困難」？困難到底是不是困難，必須動手去做才會知道。如果你只會在一旁空想，這個世界對你而言，將會是一個被重重「困難」包圍的可怕環境，你永遠也無法破除困難，往前再走一步！

這些事都跟心理學有關

最可怕的是，當你一直空想時，可能會把原本不大的恐懼或困難擴大到不可收拾的地步。

把注意力放在自己的優點上

麥克從小就不像其他孩子那麼聰明，有人告訴他什麼事情，他總是要想一會兒才能理解別人的意思。他的母親知道他的弱點，但還是把他送到學校，希望他像別的孩子一樣過正常的學習生活。

然而，在求學的道路上，麥克一直遭遇失敗與打擊，高中時的校長還曾經對他的母親說：「麥克恐怕不適合讀書，他的理解能力實在太差了。」

麥克的母親聽見校長這麼說，非常傷心失望，她帶著麥克回家，決定要靠自己的力量，好好地培養他成材。

但是，不管母子倆怎麼努力，麥克對於讀書實在有心無力，但是孝順的他為了安慰母親，即使讀得再吃力，也一直堅持讀書。

這天，讀得心煩的麥克，路過一家正在裝修的超市，發現有一個人正在超市門前雕刻一件藝術品。

沒想到，麥克這一看竟然看得出神，停下腳步好奇而用心地觀賞，並且產生無比的興趣。

此後，母親發現麥克只要看到一些木頭或石頭，就會認真而仔細地按照自己的想法去打磨，但是對於讀書一事，卻開始放棄了。他覺得他的優勢總有一天會在手中的刻刀上表現出來。

母親著急地勸他，最後麥克不得不聽從母親的叮嚀繼續讀書，只是已經著迷於雕刻世界的他，卻一直無法放下手中的刻刀。

最終，麥克還是讓母親徹底失望，落榜通知單寄到家中，母親對他說：「你走自己的路吧！你已經長大了，沒有人必須再為你負責。」

麥克知道，自己在母親眼中是一個徹底的失敗者，他在難過之餘做出最後決定，要遠走他鄉，尋找自己的未來。落榜對他的打擊不是很大，因為這樣的失敗使他知道他究竟應該走哪條路。

許多年以後，有座城市為了紀念一位名人，決定在市政府門前廣場上放置名人的雕像，當地的雕塑師紛紛獻上自己的作品，希望自己的大名也能與這位名人連結在一起。

但是，最後評選的結果，卻是一位遠道而來的雕塑師勝出。

在落成儀式上，這位雕塑大師發表談話：「我想把這件雕塑作品獻給我的母親，因為我讀書時無法實現她的期望，我的失敗更令她傷心失望過。但是，現在我想告訴她，雖然大學裡沒有我的位置，可是現在我總算找到一個位置，一個成功的位置。母親，今天的我絕對不會讓你失望。」

原來是麥克，站立在人群中的母親，更是喜極而泣，她現在才明白，兒子原來一點也不笨，但是愚笨的她差點把孩子放錯位置。

每個生命都具有生存的力量，每個生命也都有自我發展的空間。

我們都有很多缺點，但不表示我們就是生活中的弱者。尺有所短寸有所長，**古人說得**

好：**「駿馬能歷險，犁田不如牛；堅車能載重，渡河不如舟。」**就是對這一點的概括。

一個人只要把注意力放在自己的優勢和特長上，以特長設計一生，做自己喜歡的事，盡情地發揮自己的特長，就一定能抓住機會大展宏圖。

這些事都跟心理學有關

星雲法師說，我們不必怨嘆自己因緣不足，境遇不佳，只要具備「銅」一般的決心，「鐵」一般的意志，再「破爛」的天賦，再惡劣的狀況，也能成就「鋼」一般的豐功偉業。

勇敢地面對困難

有一天，有森林之王之稱的獅子，來到天神面前：「我很感謝你賜給我如此雄壯威武的體格、如此強大無比的力氣，讓我有足夠的能力統治這座森林。」

天神聽了，微笑地問：「但這不是你今天來找我的目的，看起來你似乎為了某事而困擾！」

獅子輕輕吼了一聲，說：「天神真是瞭解我啊！我今天來確實是有事相求。因為儘管我的能力再好，但是每天雞鳴的時候，我總是會被雞鳴聲給嚇醒。神啊！祈求你，再賜給我一個力量，讓我不再被雞鳴聲給嚇醒吧！」

天神笑道：「你去找大象吧，牠會給你一個滿意的答覆。」

獅子興沖沖地跑到湖邊找大象，還沒有見到大象，就聽到大象發出的「砰砰」響聲。

獅子加速跑向大象，卻看到大象氣呼呼地直跺腳。

獅子問大象：「你幹嘛發這麼大的脾氣？」

大象拼命搖晃著耳朵，吼著：「有一隻討厭的蚊子，想要鑽進我的耳朵裡，害我快要癢死了。」

獅子離開大象，心裡暗自想著：「體型這麼巨大的大象，還會怕那麼瘦小的蚊子，我還有什麼好抱怨的？畢竟雞鳴一天只有一次，蚊子卻是無時無刻地騷擾大象。這樣想來，我比牠幸運多了。」

獅子一邊走，一邊回頭看著還在跺腳的大象，心想：「天神要我來看看大象的情況，應該就是想告訴我，誰都會遇上麻煩事，祂無法幫助所有人。既然如此，我只好靠自己！以後只要雞鳴的時候，我就當作雞是在提醒我應該起床，如此一想，雞鳴聲對我還算是有益處。」

在人生的路上，無論我們走得多麼順利，但只要稍微遇上一些不順的事，就會習慣性地抱怨老天虧待我們，進而祈求老天賜給我們更多的力量，幫助我們度過難關。但實際上，老天是最公平的，就像祂對獅子和大象一樣，每個困境都有其存在的正面價值。

生活中，有些東西是可以改變的，有些東西根本無法改變！是的，比如我們根本沒有可能換自己的父母，沒有什麼辦法改變自己的出身，甚至無法改變身體的某些缺陷。

如果真的無法改變，我們何不坦然面對？

經常有人哀嘆自己不得志，實際上，這都是對人生美好機會不能把握的傷感，特別是人到了一定的年齡，如果還未有所作為，這種感受就會更加深刻。**所以，人生機會十分重要，不積極抓住，讓它從身邊溜走，就會留下終身的遺憾。**

這些事都跟心理學有關

困難來臨，我們要做的不是擴大它，而是坦然面對，勇於改變它。當然，前提是你的內心要有足夠的陽光來驅除困難。

命運就在你的手中

有人拜訪宋朝卜術大師邵康節，問起命運。

拜訪者問，這個世界上到底有沒有命運。

「當然有！」大師斷然地說。

「既然有命中註定，奮鬥還有什麼用？」

邵康節笑而不答，抓起來訪者的左手，先說手上有生命線、事業線之類算命的話，然後他讓他舉起左手，並且握成拳頭。

拳頭握緊之後，邵康節問：「那些命運線在哪裡？」

「在我的手裡啊！」

邵康節再次追問這個問題的時候，拜訪者恍然大悟：命運其實就在自己的手中。

每個人都是自己的主人——身體，從頭到腳都是自己的；頭腦，包括情緒思想都是自己的。

我們的眼睛，包括能看到什麼都由自己做主；我們的感覺，不管是興奮快樂，還是失望悲傷都屬於自己；我們所說的一字一句，不管是說對說錯，中聽還是逆耳，都是自己的；我們的聲音，不管是輕柔還是低沉都是自己的。

我們的每次行動，不管是明智還是愚蠢，是成功還是失敗，是令人滿意還是有待改善，都是我們自己的抉擇，我們必須承擔抉擇後發生的一切後果，無人能代我們承擔，哪怕是最好的朋友。

每個人的人生道路都不盡相同，我們邁出的每一步都是由我們自己的身體支配的，當你走在坎坷不平的道路上時，你可能渴望奇蹟會出現，幫你邁過生活中的坎坷。其實，只要你能擺脫心中的陰影，你就會成為創造奇蹟的人。

一對年輕夫婦駕車出遊，在經過一段彎路的時候，車翻進溝裡。

妻子從車裡爬出來，發現丈夫的腿不幸被壓在車底下。她跑上公路呼救，可是周圍沒有一個人。妻子跑回車旁，丈夫在汽車底下的呻吟聲越來越弱。

情急之下，妻子俯身抬起車子的一角，並且猛力拉出丈夫。

丈夫得救了，但是妻子卻一直在想：我哪裡來的力氣把車子抬起來？

這是人在緊急情況下所爆發出來的巨大能量，而當我們運用人生智慧的時候，其潛能的發揮雖然不會石破天驚，但對我們的命運所產生的效果，卻要比把汽車拉起來的力量大上千百倍。

這些事都跟心理學有關

當我們駕駛生命之舟在大海中航行時，不可避免地會遇到風浪和暗礁，但只要我們心中有燈塔，就會成為出色的船長。

嫉妒是人生的毒藥

佛經上有一個故事——在遠古時代，摩伽陀國有一位國王飼養一群象。象群中，有一頭象長得很特殊，全身白皙，毛柔細光滑。後來，國王將這頭象交給一位馴象師照顧。這位馴象師不只照顧牠的生活起居，也很用心教牠。這頭白象十分聰明、善解人意，過了一段時間之後，他們已經建立良好的默契。

有一年，這個國家舉行一次大慶典。國王打算騎白象去觀禮，於是馴象師將白象裝扮一番，在牠的背上披上一條白毯子後，才交給國王。

國王就在一些官員的陪同下，騎著白象進城看慶典。由於這頭白象實在太漂亮，民眾都圍攏過來，一邊讚嘆，一邊高喊著：「象王！象王！」這時，騎在象背上的國王，覺得所有光彩都被這頭白象搶走了，心裡十分生氣和嫉妒。

他很快地繞一圈以後，不悅地返回王宮。一入王宮，他問馴象師：「這頭白象，有沒有什麼特殊的技藝？」馴象師問國王：「不知道國王指的是哪個方面？」國王說：「牠能不能在懸崖邊展現牠的技藝？」馴象師說：「應該可以。」國王說：「好。明天就讓牠在波羅奈國和摩伽陀國相鄰的懸崖上表演。」

隔天，馴象師依約把白象帶到那處懸崖。國王說：「這頭白象可以用三隻腳站立在懸崖邊嗎？」馴象師說：「這個簡單。」他騎上象背，對白象說：「來，用三隻腳站立。」果然，白象立刻縮起一隻腳。

國王又說：「牠能兩腳懸空，只用兩腳站立嗎？」「可以。」馴象師叫牠縮起兩隻腳，白象很聽話地照做。國王接著又說：「牠能不能三腳懸空，只用一腳站立？」

馴象師一聽，明白國王存心要置白象於死地，就對白象說：「你這次要小心一點，縮起三隻腳，用一隻腳站立。」白象很謹慎地照做。圍觀的民眾看了，熱烈地為白象鼓掌喝采！

國王越看心裡越不平衡，就對馴象師說：「牠能把後腳也縮起，全身懸空嗎？」

這時，馴象師悄悄地對白象說：「國王存心要你的命，我們在這裡會很危險。你就騰空飛到對面的懸崖吧！」不可思議的是這頭白象竟然真的把後腳懸空飛起來，載著馴象師飛越懸崖，進入波羅奈國。

波羅奈國的人民看到白象飛來，全城都歡呼起來。國王很高興地問馴象師：「你從哪兒來？為何會騎著白象來到我的國家？」馴象師將經過一一告訴國王。國王聽完之後，嘆道：「人為何要與一頭象計較？」

是嫉妒讓國王失去人見人愛的白象和優秀的馴象師。

每個人或輕或重地都有嫉妒心理，只是有些人容易表露，有些人善於掩飾而已。有這種心理並非壞事，如果妥善處理，就是一種催人積極奮進的原動力——學會取人之長補己之短。如果處理不好，妒火中燒，就會引發不正當競爭，惹出許多是非來。

心理學家的觀察也證明，嫉妒心強烈的人易患心臟病，而且死亡率也高；嫉妒心較少的人，則心臟病的發病率和死亡率均明顯降低，只有前者的三分之一～二分之一。此外，如頭痛、胃病、高血壓等，亦易發生於嫉妒心強的人，並且藥物的治療效果也較差。

這些事都跟心理學有關

嫉妒是人生的毒藥，往往在我們心中留下或大或小的「腫瘤」。我們應該嘗試去丟棄它，置它於腦後，至少我們可以做到縮小它投射在我們心中的陰影。

欲望是一個無底洞

上帝在創造蜈蚣的時候，沒有為牠造腳，但是牠仍然可以爬得像蛇一樣快。有一天，牠看到羚羊、梅花鹿和其他有腳的動物都跑得比自己快，心裡很不高興，嫉妒地說：「哼！腳多，當然跑得快。」於是，牠向上帝禱告：「上帝啊，我希望擁有比其他動物更多的腳。」

上帝答應蜈蚣的請求，祂把很多腳放在蜈蚣面前，任憑牠自由取用。蜈蚣迫不及待地拿起這些腳，一隻一隻地往身體上黏，從頭一直黏到尾，直到沒有地方可以黏，才依依不捨地停止。

牠心滿意足地看著滿身是腳的軀體，心中竊喜：「現在，我可以像箭一樣地飛出去！」但是等牠開始要跑時，才發現自己完全無法控制這些腳。這些腳劈哩啪啦地各走各的，牠非得全神貫注，才能使一大堆腳順利地往前走。這樣一來，牠反而比以前走得更慢。

荀子說：「人，生而有欲。」欲望包括色欲、貪欲、報復欲、懶欲、自私欲、好利欲、好權欲、征服欲……欲望可以使一個人的力量發揮到極致，也可以逼得一個人獻出一切，排除所有障礙，欲望使人全速前進而無後顧之憂。凡是能排除所有障礙的個人或球隊，經常屢建奇功或頻頻得分。我們所做的每一件事情，都應該充分發揮我們的能力。無論是參加考試，做工作報告或參加運動競賽，都應該如此。當我們盡力施展一切時，生活就很踏實。

欲望是人類的本性，是理想的泉源，是人類生活的方向，是社會發展的動力。但是千萬不要忘記，欲望是一把雙刃劍，一半是天使，一半是惡魔，是劃分善惡的起點。

托爾斯泰寫過一個短篇故事：

有一個農夫，每天日出而作，日落而息，辛苦地耕種一小片貧瘠的土地，每天累死累活，但是收入卻只是勉強可以餬口。

一位天使可憐農夫的境遇，想幫他的忙，於是天使對農夫說，只要他能不停地往前跑，他跑過的地方就全部歸其所有。

於是，農夫興奮地朝前跑去。跑累了，想停下來休息一會兒，想到家裡的妻子兒女們需要更多的土地來生活，又拼命地往前跑……

有人告訴他，你到了應該往回跑的時候，不然你就完了。農夫根本聽不進去，他只想得到更多的土地，更多的金錢，更多的享受。於是，他不停地跑，竭盡所能……

可是，最終因為心衰力竭，倒地而亡。生命沒有了，土地沒有了，一切都沒有了，欲望使他失去一切。

故事發人深省，正如古希臘的《伊索寓言》告訴我們的「貪婪往往是禍患的根源」。

「那些因為貪圖更大的利益而把手中的東西丟棄的人是愚蠢的。」

欲望是人前進的動力。可是我們在欲望的驅使下，在前進的同時，也要知道量力而為、適可而止。不然，欲望發展至貪婪成性，就會在欲望中沉淪，迷失方向，走向絕境。

對於我們來說，有些欲望是自然的，另一些欲望則是無益的；在自然的欲望之中，有些是必需的，而另一些純屬自然而已；在必需的欲望之中，有些是幸福之所需，有些是身體安康之所需，另一些只在維持生計……

這些事都跟心理學有關

貪婪是一切禍亂的根源，無論做人處世，都必須控制貪欲。欲望是沒有止境的，如果你不放棄一些東西，你的身上和心靈一定越來越沉重，快樂就會真的離你而去，因此要學會自我放棄、自我解脫，保持一顆平常心。少一點欲望，就會多一些快樂。

畏首畏尾，難成大事

著名的哲學家康德說過，恐懼是對危險的自然厭惡，它是人類生活中不可避免的和無法放棄的組成部分。

當你的敵人太過強大而讓你心生畏懼時，你應該怎麼辦？

在恐懼的情緒下和對方比拼，就算僥倖勝利，也是兩敗俱傷。有經驗的人會告訴你，不管眼前的敵人多麼強悍威猛，只要適時激發信心，你就能輕而易舉地戰勝他。

當初，宋太祖趙匡胤肆無忌憚、得寸進尺地威脅欺壓南唐。鎮海節度使林仁肇有勇有謀，聽聞宋太祖在荊南製造幾千艘戰艦，就向李後主奏稟，宋太祖目的是圖謀江南。南唐愛國人士獲知此事後，也紛紛向李後主奏請，要求前往荊南秘密焚毀戰艦，破壞宋朝南犯的計畫。可是李後主卻膽小怕事，不敢准奏，以致失去防禦宋朝南侵的良機。

後來，南唐國滅，李後主淪為階下囚，其妻經常被召進宋宮，侍奉宋皇，一去就很多天才能出來，至於她進宮到底做些什麼，作為丈夫的李後主一直不敢過問。只是皇后每次從宮裡回來就把門關得緊緊的，一個人躲在屋裡悲切地抽泣。對於這一切，李煜忍氣吞聲，把哀愁、痛苦、恥辱往肚裡嚥。實在憋不住時，就寫些詩詞聊以情懷。

李煜雖然在詩詞上極有造詣，然而作為一個國君，一個丈夫，他是一個懦夫，是一個失敗者。

其實，沒有人能夠完全擺脫怯懦和畏懼，最幸運的人有時候也不免有懦弱膽小、畏懼不前的心理狀態。但是如果使它成為一種習慣，它就會成為情緒上的一種疾病，它使人過於謹慎、小心翼翼、多慮、猶豫不決，在心中還沒有確定目標之時，已經含有恐懼的意味，在稍有挫折時退縮不前，因而影響目標的完成。

在公平的競爭機會面前，由於怯懦，他們經常無法充分發揮自己的才能，以至於敗下陣來，錯失良機，於是產生悲觀失望的情緒，導致自我評價和自信心的下降。

美國最偉大的推銷員法蘭克說：「如果你是懦夫，你就是自己最大的敵人；如果你是勇士，你就是自己最好的朋友。」對於膽怯而又猶豫不決的人來說，一切都是不可能的，正如採珠的人如果被鱷魚嚇住，怎能得到名貴的珍珠？事實上，總是擔心受怕的人，他就不是一個自由的人，他總是會被各種各樣的恐懼、憂慮包圍著，看不到前面的路，更看不到前方的風景。**正如法國著名的文學家蒙田說：「誰害怕受苦，誰就已經因為害怕而在受苦了。」**懦夫怕死，但是其實，他已經不再活著了。

世界上沒有任何絕對的事情，懦夫不會註定永遠懦弱，只要他鼓起勇氣，大膽向困難和逆境宣戰，並且付諸行動，就開始成為勇士。勇者並非凡事都無所畏懼，只是他們對勝利的渴望已經壓過恐懼，只要你試著把「害怕」的念頭轉換成「一定要成功」的決心，對你的表現會更有幫助。

這些事都跟心理學有關

弱者的害怕，是在害怕中充滿疑慮；強者的害怕，是在害怕中充滿自信。

哈佛大學教授的實驗

哈佛大學的一位教授進行一個有趣的實驗，實驗對象是三群學生與三群老鼠。

他對第一群學生說：「你們很幸運，你們將和天才小白鼠在一起。這些小白鼠相當聰明，牠們會到達迷宮的終點，並且吃許多乾酪，所以要多買一些餵牠們。」

他告訴第二群學生：「你們的小白鼠只是普通的小白鼠，不太聰明。牠們最後還是會到達迷宮的終點的，並且吃了一些乾酪，但是不要對牠們期望太大，牠們的能力與智慧很普通。」

他告訴第三群學生：「這些小白鼠是真正的笨蛋。如果牠們能找到迷宮的終點，那真是意外。牠們的表現或許很差，我想你們甚至不必買乾酪，只要在迷宮終點畫上乾酪就可以了。」

以後六個星期，學生們都在精心地從事實驗。天才小白鼠就像天才人物一樣地行事，牠們在短時間內就到達迷宮的終點。你期望從一群「普通小白鼠」那裡得到什麼結果？牠們也會到達終點，但是在這個過程中，沒有寫下任何速度記錄。至於那些愚蠢的小白鼠，更不用說了，牠們都有真正的困難，只有一隻最後找到迷宮的終點，那是一個明顯的意外。

有趣的事情是，根本沒有所謂的天才小白鼠和愚蠢小白鼠之分，牠們都是同一窩小白鼠中的普通小白鼠。這些小白鼠的成績之所以不同，是參加的學生態度不同而產生的直接結果。簡而言之，學生們因為聽說小白鼠不同而採取不同的態度，不同的態度導致不同的結果。

學生們不懂得小白鼠的語言，但是小白鼠懂得態度，因而態度就是語言。

在別人看來不可能的事，如果當事人能從潛意識去認可「可能」，也就是相信可能做到，事情就會按照那個信念的強度，而從潛在意識中激發出極大的力量來。這時，即使表面看來不可能的事情，也可以做到了。

在我們做每一件事情的時候，都不應該被固有的思維定式鎖住。很多事情往往就是這樣：就像一個人丟了東西以後，如果他認定是自己的鄰居偷的，在以後的生活裡，他會越來越覺得他的鄰居就是偷東西的賊。如果我們認定某件事情，我們的潛意識就會支配我們向我們認定的那個方向去做事。

如果被固有的思維定式鎖住，我們就會像以下故事中的人一樣。

一天，死神向一個城市走去。一個人看到他急忙問道：「你要去幹什麼？」

「我要帶走這裡的九個人。」死神回答。

「真是太可怕了！你不做這樣的壞事不行嗎？」這個人說。

「這是我的職責。」死神說。

這個人趕緊跑去提醒所有人：死神即將來臨，祂要帶走九個人！

數月後，這個人又遇到死神。「你之前告訴我，只帶走九個人，為什麼我們這裡死了一百多人？」

死神想了想說：「我只能說，這個世界上有一個東西比我更厲害！」

這些事都跟心理學有關

如果我們已經認定自己就是要被死神帶走的人，我們真的有可能隨時與死神碰面。

自卑帶來自暴自棄

有一個女孩事業遭到重大失敗以後，哭著跑回家。

在父母親的勸解下，女孩仍然無法釋懷，覺得自己一無是處。這時父親拿出一張白紙和一支筆，交給女兒，讓她每想到自己一個不足與缺點，就在白紙上畫一個黑點。

女兒拿過筆，不停地在白紙上畫黑點，在她畫完以後，父親拿起白紙，問她看到什麼，女兒回答：「缺點啊，全都是該死的缺點。」

父親笑著問她還看到什麼，她回答：「除了黑點，什麼都沒有看到。」

在父親一再追問下，女兒終於回答，除了黑點以外，還看到白紙，於是父親問女兒：「你是否有優勢？」女兒想了很久，終於勉強地點頭，開始思考自己的優勢，逐漸地語氣緩和了，態度開朗了，終於破涕為笑，鼓足勇氣重新開始自己的事業。

絕大多數人看到的都是白紙上的黑點，而忽略黑點旁邊更大的白紙空間。由於只看到自己的缺點而感到自卑，使得自己生活不如意，人際關係緊張。

許多心理學家認為，自卑是由於一種過多地自我否定而產生的自慚形穢的情緒體驗。其主要為對自己的能力、學識、品格等自身因素評價過低；心理承受能力脆弱，經不起較強的刺激；多愁善感，常產生猜疑心理；行為畏縮、瞻前顧後等。

自卑心理可能產生在任何年齡階段和各種各樣的人身上，比如說，德才平平，生命仍未閃現出輝煌與亮麗，往往容易產生看破紅塵的感嘆和流水落花春去也的無奈，以致把悲觀失望當成人生的主調；經過努力奮鬥，工作上有成績，事業上創造輝煌，卻總是擔心風光不長，容易產生前途渺茫、四大皆空的哀嘆；隨著年齡的增長，青春一去不回頭，往往容易哀怨歲月的無情和發出紅日偏西的無奈……這種自卑心理是壓抑自我的沉重精神枷鎖，是一種消極、不良的心境。它消磨人的意志，軟化人的信念，淡化人的追求，使人銳氣鈍化，畏懼不前，從自我懷疑、自我否定開始，以自我埋沒、自我消沉告終，使人陷入悲觀哀怨的深淵不能自拔，真是害莫大焉。

自卑最親密的朋友就是自暴自棄，而他們兩個則是機會最討厭的一對傢伙。人人都有缺陷，此時我們應該做的不是自卑，而是像下面故事中的那個美國人一樣。

從前在美國有一個人，相貌極醜，街上行人都要掉頭對他多看一眼。他從不修飾，到死都不在乎衣著。窄窄的黑褲子，傘套似的上衣，加上高頂窄邊的大禮帽，彷彿要故意襯托出他瘦長條的個子，走路姿勢難看，雙手晃來蕩去。

他是小地方出生的人，儘管後來身居高職，但是直到臨終，舉止還是老樣子，仍然不穿外衣就去開門，不戴手套就去歌劇院，總是講不得體的笑話，往往在公眾場合忽然憂鬱起來，不言不語。無論在什麼地方——在法院、講壇、國會、農莊，甚至於他自己家裡——他處處都顯得格格不入。

他不僅出身貧賤，而且身世蒙羞，母親是私生子，他一生都對這些缺點非常遺憾。沒有人出身比他更低，但也沒有人比他的職位升得更高。

他後來成為聞名全球的人物，擔任美國總統，這個人就是林肯。

其實，林肯不是用每個長處抵每個短處以求補償，而是憑偉大的睿智與情操，使自己凌駕於自己的一切短處之上，置身於更高的境界。只在一個方面，就是透過教育，來補償自己的不足。他用努力自修的方法來克服早期的障礙。他非常孤陋寡聞，在二十歲以前聽牧師布道，他們都說地球是扁的。他在燭光、燈光和火光前讀書，讀得眼球在眼眶裡越陷越深，眼看知識無涯而自己所知有限，總是感覺沮喪。他填寫國會議員履歷，在教育一項下填的竟然是：「有缺點。」

可見，林肯的一生不是沉浸在自卑中，而是對一切他缺乏方面的全面補償。他不求名利地位，不求婚姻美滿，集中全力以求達到自己心中更高的目標，他渴望把他的獨特思想與崇高人格的一切優點奉獻出來，進而造福人類。

這些事都跟心理學有關

我們應該學會主動把目光投向巨大的空白，而不是再對著缺點嘆息。

#「沙漏哲學」的妙用

第二次世界大戰時期，米諾肩負沉重的任務，每天花很長的時間在收發室裡，努力整理在戰爭中死傷和失蹤者的最新紀錄。

源源不絕的情報接踵而來，收發室的人員必須分秒必爭地處理，一丁點的小錯誤都可能會造成難以彌補的後果。米諾的心始終懸在半空中，小心翼翼地避免出任何差錯。

在壓力和疲勞的襲擊之下，米諾罹患結腸痙攣症。身體上的病痛使他憂心忡忡，他擔心自己從此一蹶不振，又擔心是否能撐到戰爭結束，活著回去見他的家人。

在身體和心理的雙重煎熬下，米諾瘦了三十四磅。他想自己就要垮了，幾乎已經不奢望會有痊癒的一天。

身心交相煎熬，米諾終於不支倒地，住進醫院。

軍醫瞭解他的狀況以後，語重心長地對他說：「米諾，你身體上的疾病沒什麼大不了，真正的問題是出在你的心裡。我希望你把自己的生命想像成一個沙漏，在沙漏的上半部，有成千上萬的沙子，它們在流過中間那條細縫時，都是平均而且緩慢的，除了弄壞它，你跟我都沒辦法讓很多沙粒同時通過那條窄縫。人也是一樣，每個人都像是一個沙漏，每天都是一大堆的工作等著去做，但是我們必須一次一件慢慢來，否則我們的精神絕對無法承受。」

醫生的忠告給米諾很大的啟發，從那天起，他一直奉行這種「沙漏哲學」，即使問題如成千上萬的沙子般湧到面前，米諾也能沉著應對，不再杞人憂天。他反覆告誡自己：「一次只流過一粒沙子，一次只做一件工作。」沒過多久，米諾的身體恢復正常了。從此，他學會如何從容不迫地面對自己的工作。人沒有一萬隻手，不能把所有事情一次解決，又何必一次為那麼多事情而煩惱？

現代人大多背負沉重的生活壓力，經常擔心這個，擔心那個，憂慮總是永無止境。

面對這麼多的壓力，你應該試試所謂的「沙漏哲學」，既然你憂慮的事情不是一時半刻就能改變，就要用另一種心情去面對。

人有壓力不可怕，可怕的是憋在心裡，變成心靈的枷鎖，這樣一來，就會失去理智的判斷能力，失去激發潛能的自由。西方有一句諺語：「壓垮駱駝的最後一根稻草。」同樣的道理，工作生活中的煩心瑣事，也會給人造成心理和精神上的壓力，直接影響人的健康和生命。有一個五十歲出頭的教師去年體檢時，發現肝臟有點問題，從此心情沉重，精神不振，不到半年竟然形容枯槁。今年過了春節，聽說他猝然離世。醫生說他的生命不是因為肝病而結束，而是被心理壓力奪去的。

不能即時改變的事情，再怎麼擔心憂慮也只是空想而已，事情無法立刻解決；你應該試著一件一件慢慢來，全心全意把眼前的這件事做好。

這些事都跟心理學有關

人生在世，本來就會面臨各種各樣的壓力，當你學會調整自己，讓壓力一點一滴而來時，你會發現，壓力反而是一種動力，只要你按部就班，它就會不斷推動你努力前進。

挫折與我們不期而遇

一九八九年，日本松下公司公開招聘管理人員，一位名叫福田三郎的年輕人參加應試。考試結果公布了，福田名落孫山。得到這個消息後，福田深感絕望，頓起輕生之念，幸虧搶救及時，他自殺未遂。此時公司派人送來通知，原來福田被錄取了，他的考試成績名列第二，因為當時電腦發生故障，所以統計時出了差錯。然而，松下公司得知福田因為未被錄用而自殺又決定將他解聘。其理由是，這樣的打擊都經受不起的人，怎麼能在今後艱苦曲折的奮鬥之路上建功立業？由此可見，心理素質對一個人來說是何等重要！

人生路上充滿坎坷，一個人不可能永遠一帆風順，難免遇到挫折。遇到挫折不可怕，重要的是你如何面對它。有些人會灰心，會氣餒，就像上述這位年輕人；有些人會調整心理，重整旗鼓，就如威靈頓將軍……**不願面對失敗的人，永遠都是失敗的；敢於面對失敗的人，即使最後失敗了，他仍然是勝利了，因為他懂得如何對待挫折**。從一定意義上說，不敢面對挫折的人，不是一個自信的人，因為一個自信的人不會那麼介意自己的失敗，他對自己充滿信心，他知道自己最終會勝利。人只要多一分自信，就會坦然地面對挫折。

美國成人教育家卡內基經過調查研究認為，一個人事業上的成功，只有一五％是在於其學識和專業技術，而八五％靠的是心理素質和善於處理人際關係。一九七六年奧運會十項全能冠軍的獲得者詹納，曾經從體育比賽角度做出類似的論述，**他說：「奧林匹克水準的比賽，對運動員來說，二〇％是身體方面的競技，八〇％是心理上人格上的挑戰。」**事實上，每個人都有充分發展自己，使自己取得巨大成就的智慧，可惜許多人卻忽視自我開發的巨大潛力。

我曾經讀過一個故事：

草地上有一個蛹，被一個小孩發現並且帶回家。過了幾天，蛹上出現一道裂縫，裡面的蝴蝶掙扎很長時間，身子似乎被卡住了，一直出不來。天真的孩子看到蛹中的蝴蝶痛苦掙扎的樣子十分不忍。於是，他拿起剪刀把蛹殼剪開，幫助蝴蝶脫蛹出來。然而，由於這隻蝴蝶沒有經過破蛹前必須經過的痛苦掙扎，以致出殼後身軀臃腫，翅膀乾癟，根本飛不起來，不久就死了。自然，這隻蝴蝶的歡樂也就隨著牠的死亡而永遠地消失。這個故事也說明一個人生的道理，要得到歡樂就必須能夠承受痛苦和挫折。這是對人的磨練，也是一個人成長必經的過程。

小時候，我們都是從跌倒中學會走路的，即使長大成人，這樣的生命方式也不會改變，我們還是要「從跌倒中學會走路」。

這些事都跟心理學有關

每個困難與挫折，只是生活中必然的跌跤動作，我們不必太過驚慌或難過，只要記得小時候那種不怕跌倒的勇敢精神，鼓勵自己站起來，然後繼續前進，或許下一步，我們就能踏著沉穩的步伐，朝著人生的新目標前進。

第2章

走出心理障礙

誰是影子的製造者？

開辦卡內基訓練事業的黑幼龍從空軍退伍時，和很多同伴一起找工作。他們看到報上有一則招聘廣告，條件要求是大專畢業，黑幼龍想去試試看，但同伴都說不適合，因為他不是大專生。黑幼龍堅定地告訴他們，其他條件他都適合，而且他也算大專畢業生，因為空軍通信電子學校招收的是高中畢業生，所以廣義來說，當時的空軍可以算是大專。最後，黑幼龍得到這個機會。

心理學家與哲學家威廉・詹姆斯說：「播下一個行動，我們將收穫一種習慣；播下一種習慣，我們將收穫一種性格；播下一種性格，我們將收穫一種命運。」

認識和發揮自己的長處，同時也是一種心理上積極的自我暗示，可以讓這種積極的心態和行動成為思維習慣，不用有意控制的心理活動。

當我們開始感覺不如人的時候，大聲問自己：「我是一個只知道對著缺點嘆氣的人嗎？」只有擺脫自卑的心理，不再悲傷、煩躁、痛苦，才能成為一個生活的強者！

心理學家曾經做過一個實驗，從一所小學的六年級學生中，挑出一組學生作為研究對象，告訴校長和老師們說，這是經過他們測試認定為能力超群的兒童。

經過十五年的追蹤調查，人們發現，這些能力超群的兒童果然不同凡響，都成為學校的優秀學生！畢業後走上社會，也都成為出類拔萃的人物！

心理學家最後一次來到學校，與校長交流的時候，告訴他：當年那些研究對象都是用隨機的方式挑出來的，根本沒有經過任何測試。研究的結果顯示，一個人如果相信自己能力超群，他就會變得能力超群。

我們總會受一些心理暗示的影響，在自己的內心投下陰影，然後躲在陰影之下，不肯去面對陽光。就像以下故事中的金佛，用泥土掩蓋真正的自己。

在泰國，有一座叫做金佛寺的廟宇，裡面有一座十尺半高，全身由黃金打造的實心佛像，重達兩噸半，價值將近兩億美元。

一九五七年，由於泰國政府決定在曼谷市內興建高速公路，位於路段上的某間寺廟因此被迫遷移，寺內的和尚只得將廟中的土造佛像放置到其他地點。

這座佛像體積龐大，重量驚人，所以在搬運的過程中開始出現裂縫，更糟的是，此時又下起滂沱大雨，寺內的大師為了不讓神聖的佛像再受到損害，決定先將佛像放回原地，然後用大型的帆布覆蓋，以免遭受雨水的侵襲。

一天傍晚，大師拿著手電筒，掀開帆布檢查，看看佛像有沒有被雨水淋濕，燈光照到裂縫處時，他發現那裡反射回來一道怪異的光芒，大師趨前仔細檢查後，懷疑這層土塊藏有別的東西。

他回廟中取來鑿子和斧頭，小心翼翼地開始敲打佛像表面。當他敲掉第一片土塊時，驚異地發現閃閃的金光。大師用了好幾個小時，終於讓一座純金的佛像重見天日。

據說，幾百年前，緬甸軍隊曾出兵攻打當時稱為暹羅的泰國，當時的暹羅和尚知道敵軍即將來襲以後，就在珍貴的黃金佛像表面上覆蓋泥土，以免被緬甸軍隊掠走。

據說這些和尚後來全被入侵者殺害，但這座價值連城的佛像被完整地保存下來，直到一九五七年才被後人再次發掘。

其實，我們都像那座佛像，本質上是純金的，但是在成長過程中被許多東西裹上一層厚厚的殼。從小開始，我們就學會將內心中那個如黃金般純真的自我隱藏起來。

其實，人最熟悉的是自己，最陌生的也是自己。老子說：「知人者智，自知者明。」王安石說：「知己者，智之端也。」從這個意義上來說，人生最大的敵人是自己。**只有自己說服自己，才是一種理智的人生；只有自己感動自己，才是一種昇華的人生；只有自己征服自己，才是一種成熟的人生。**事實上，有力量征服自己的人，才有力量征服所有痛苦和不幸。

這些事都跟心理學有關

理性地認識自己，不要再做陰影的製造者。

接受自己的缺點

米雪是一名投資公司的職員，收入頗豐。在外人看來她是成功而快樂的，但是她卻越來越感到自卑和焦慮，經常感覺壓抑、沉悶、憂鬱，與同事關係緊張。米雪經常反省自己的言行是否妥當，如果別人有一點不滿，即自責不已；工作認真努力，寫一份文案需要修改多次卻仍然不滿意；由於身材稍胖，每天幾乎不吃麵食；對自己的長相、衣著要求也很苛刻，每天早晨必須用一個小時的化妝時間才能出門。但越是這樣她就會經常與別人進行比較，發現自己的短處，這種感覺使米雪長期失眠，陷於壓抑、痛苦、焦慮的心理狀態之中，嚴重影響工作和生活。

每個人都有情緒，只是這個情緒來得是不是時候，最重要的是不要讓負面的情緒來左右你的生活，造成更大的困擾，要掌握自己的第一步就是掌握情緒。

有時候，情緒的感染像野火般迅速蔓延，不管是快樂或者悲傷的情緒都具有傳染的因數。負面的情緒有時候來自他人，有時候來自本身，為了不讓負面情緒影響到你，最重要的是讓自己對負面情緒有免疫的能力，別迷失在不愉快的情境中而無法自拔。

其實，根本的原因就是我們不能接受所有的自己。過於苛求使我們失去更多，甚至越來越不能面對自己。

在佛經中，有這樣的一段比喻：

一位牧牛人，擁有二百五十頭牛。他每天都會到一個水草豐足的曠野放牛，讓牛群悠哉悠哉地吃草、喝水。

有一天，忽然跑出一隻老虎，咬死一頭牛，這二百五十頭牛，因此少了一頭。牧牛人萬念俱灰，他覺得少了一頭牛，對他來說，已經不完美。為此，他心中很懊惱，一直耿耿於懷！

過了幾天，他覺得少了一頭牛，已經不是原來的二百五十頭，其餘二百四十九頭牛，又有何用？於是，他將二百四十九頭牛趕落懸崖，那群牛就這樣被他滅殺了。

這段佛經的比喻是說，不要因為一次小小的失誤，就抹煞其餘的美好。人的一生難免有走錯路的時候，我們不應該為了一點缺陷，就全盤毀棄。人並非絕對的完美，也非聖賢，總會有不甚完美的缺點，但是不要因為那些小缺點，就完全抹煞自己其他的優點，那是不公平的。

不要因為失去一頭牛，而抹煞其他牛的生存權利。人生亦然，不要因為自己一點小小錯誤，而抹煞其他的優點，接受自己的全部，才能擁有真實的自己。

在生活中，有各式各樣的問題使人沮喪、悲哀、痛心、寂寞、內疚、懊惱、憤怒、恐懼、焦慮甚至絕望。所有這些情緒，都讓我們心如亂麻，這種感覺比身體上的痛更令人難以忍受。

一個人坐在公園裡抽菸，陷入深深的苦悶裡。

一個牧師來到他的身邊：「你一定有什麼無法解決的問題吧？說出來讓我幫幫你。」

這個人看了牧師一眼，然後冷冷地說：「我的問題很多，我厭倦了，沒有人能夠幫我。」

牧師把自己的名片留下，約這個人明天見面。出於好奇，這個人如約而至。牧師把這個人帶到教堂後面的墓地裡，指著一塊墓碑對他說：「你看看吧，這裡所有人都沒有任何問題。」

是啊，只有在地下躺著的人，才不會有任何問題去煩他。

這些事都跟心理學有關

我們要接受所有的自己，不要因為失去某種能力或才華而放棄自己。看重自己的優點，改進自己的缺點，如果你天生就失去某種能力或肢體上有所障礙，上天一定還會為你打開另一扇窗。

「假蘋果」為什麼有香味？

有一次，學生們向蘇格拉底請教怎樣才能相信自己。

蘇格拉底讓大家坐下來。他用手拿著一個蘋果，慢慢地從每個同學的座位旁邊走過，一邊走一邊說：「請同學們集中精力，注意嗅空氣中的氣味。」

然後，他回到講台上，把蘋果舉起來左右晃動，問：「有哪位同學聞到蘋果的氣味？」

有一位學生舉手站起來回答：「我聞到了，是香味！」

蘇格拉底又問：「還有哪位同學聞到了？」

學生們你望望我，我看看你，都不作聲。

蘇格拉底再次走下講台，舉著蘋果，慢慢地從每個學生的座位旁邊走過，邊走邊叮囑：「請同學們務必集中精力，仔細嗅一嗅空氣中的氣味。」

回到講台以後，他又問：「大家聞到蘋果的氣味嗎？」

這次，絕大多數學生都舉手。

稍停，蘇格拉底第三次走到學生中間，讓每位學生都嗅一嗅蘋果。回到講台以後，他再次提問：「同學們，大家聞到蘋果的氣味嗎？」

他的話音剛落，除了一位學生以外，其他學生都舉手。

那位沒有舉手的學生左右看了看，慌忙地也舉手。

蘇格拉底也笑了：「大家聞到什麼氣味？」

學生們異口同聲地回答：「香味！」

蘇格拉底臉上的笑容不見了，他舉起蘋果緩緩地說：「非常遺憾，這是一個假蘋果，什麼氣味也沒有。」

看到這個故事，所有人都會笑，因為它太荒謬了。可是在生活中，我們也不同程度地扮演學生的角色。從本質上說，我們受到別人的影響與干涉，是因為對方具有一定的威懾力！在生活中，有很多威權在不時地威懾我們。

在這樣的情況下，我們按照既有的思維定式去看這個世界，殊不知很多時候，世俗的眼光未必是正確的。

自從瑪麗嫁到這座農場來的時候，那塊石頭就已經在這裡。石頭的位置剛好位於後院的屋角，而且是一塊形狀怪異、顏色灰暗的怪石。它的直徑大約一公尺，從屋角的草地裡突出將近兩公分。如果不小心，隨時都有可能被它絆倒。

有一次，當瑪麗使用割草機清除後院的雜草時，不小心碰到石頭，割草機高速旋轉的刀片被碰斷了。因為經常造成不便，所以瑪麗就對丈夫說：「能不能想個辦法，把這塊石頭挖走？」

「不可能挖起來的。」丈夫這麼回答，瑪麗的公公也附和。

「這個石頭埋得很深。」公公對瑪麗說，「從我小時候，這塊石頭就在這裡，從來沒有人嘗試把它挖起來。」

石頭就這樣繼續留在後院裡。年復一年，瑪麗的孩子們出生，然後成家，接著是瑪麗的公公去世，到最後，瑪麗的丈夫也去世了。

在丈夫的葬禮過後，瑪麗開始打起精神清理房子，這個時候她看見那塊石頭，因為它的關係，周圍的草坪始終無法生長良好。於是，瑪麗拿出鐵鏟和手推車，準備花上一整天的時間挖走這塊石頭。沒想到才過了十幾分鐘，石頭就已經開始鬆動，而且一會兒就被瑪麗挖出來了。原來，這顆石頭只有幾十公分深而已。於是，那塊原本每一代都認定沒辦法移動的石頭，就這樣簡單地被移走。

如果瑪麗沒有親自動手去做，關於這塊石頭困難的「神話」，或許會繼續流傳下去。

這些事都跟心理學有關

有時候太尊重別人的意見，反而使我們失去應該有的目標和快樂。所謂實踐出真知，任何時候我們應該相信的都應該是事實，而不是別人的意見。

雅普人的石頭

在浩淼的太平洋上，有一個小島叫雅普島，島上有許多潔白如玉的石頭。

第二次世界大戰期間，德國人為了奴役當地人，用大把的馬克來收買當地人，當地人卻嗤之以鼻。後來一打聽，原來在雅普島居民的心中，只有那些石頭才代表金錢，代表財富。

於是，狡猾的德國人派人把雪白的石頭都刷上小黑十字，雅普人頓感財富喪失，一貧如洗，德國人後來把小黑十字洗掉，雅普人立刻為財富的失而復得而歡呼雀躍，並且出於感激幫助德國人築路。

把自己快樂與否寄託於外物，本來就已經是一種悲哀，由於這種寄託而被別人奴役，更是一種愚不可及的做法。在生活中追求別人所表現出的快樂，和那些雅普人一樣，是和自己過不去。

很多時候，我們習慣於把自己的感情和情緒寄託在某件事物上，於是往往會受到這些事物的影響。

有一位著名的心理學家曾經做過一個試驗，他把幾個志願者帶到一間黑暗的房子裡。在他的引導下，志願者們很快就穿過這間伸手不見五指的神秘房間。

接著，心理學家打開房間裡的一盞燈，在昏黃如燭的燈光下，志願者們才看清楚房間的布置，不禁嚇出一身冷汗。原來，這間房子的地面就是一個很深很大的水池，池子裡蠕動著各種毒蛇。就在蛇池的上方，搭著一座很窄的木橋，他們剛才就是從這座木橋上走過來的。

心理學家看著他們，問：「現在你們還願意再次走過這座橋嗎？」大家你看看我我看看你，一時之間冷場了。

過了片刻，有三個志願者猶豫地站出來。其中一個志願者一上去，就小心地挪動雙腳，速度比第一次慢了很多；另一個志願者戰戰兢兢地踩在小橋上，身體不由自主地顫抖，走到一半就挺不住了；第三個志願者乾脆彎下身來，慢慢地趴在小橋上爬過去。

這時，心理學家又打開房內其他幾盞燈，強烈的燈光一下子把整個房間照耀得如同白晝。志願者們揉揉眼睛再仔細看，才發現在小木橋的下方裝著一道安全網，只是因為網線的顏色極暗淡，他們剛才都沒有看出來。心理學家大聲地問：「你們當中還有誰願意現在就通過這座小橋？」

志願者們沒有做聲，心理學家問道：「你們為什麼不願意？」志願者心有餘悸地反問：「這張安全網的品質可靠嗎？」

心理學家笑了：「我可以解答你們的疑問，這座橋本來不難走，可是環境對你們造成心理威懾，你們就失去平靜的心態，亂了方寸，慌了手腳。」

在生活中，我們不斷地與外界的人和物接觸，別人不斷給我們各種各樣的資訊，而所有資訊，就像以上的實驗中的蛇和網一樣，對我們的心情以及決策產生不同的影響。

這些事都跟心理學有關

如果我們太容易受到別人語言和資訊的干擾，心隨境轉，而不願意自己作主，我們也會成為被人嘲笑的雅普人。

給生命留一點空隙

有一對夫妻心胸很狹窄，總是為一點小事爭吵不休。有一天，妻子做了幾樣好菜，想到如果再來一點酒助興就會更好，於是她拿瓢到酒缸裡取酒。

妻子探頭朝缸裡一看，看見酒中倒映自己的影子。她以為是丈夫對自己不忠，把女人帶回家來藏在缸裡，就大聲喊起來：「喂，你這個死鬼，竟然敢瞞著我偷偷把女人藏在缸裡，如今看你還有什麼話說？」

丈夫聽了糊里糊塗的，趕緊跑過來往缸裡瞧，看見是一個男人，也不由分說地罵起來：「你這個壞婆娘，是你帶了其他男人回家，暗地裡把他藏在酒缸裡，反而誣陷我！」

「好哇，你還有理了！」妻子又探頭往缸裡看，看見還是先前的那個女人，以為是丈夫故意戲弄她，不由勃然大怒，指著丈夫說：「你以為我是什麼人，任憑你哄騙的嗎？你，你太對不起我了……」妻子越罵越氣，舉起手中的水瓢就向丈夫扔過去。丈夫側身一閃躲開了，見妻子不僅無理取鬧還打自己，也不甘示弱，還了妻子一個耳光。這下可不得了，兩人打成一團，又扯又咬，簡直鬧得不可開交。

最後鬧到官府，官老爺聽完夫妻二人的話，心裡頓時明白大半，吩咐手下把缸打破。一錘下去，只見那些酒汨汨地流出來。不一會兒，一缸酒流光了，缸裡也沒看見半個男人或女人的影子。夫妻二人才明白他們嫉妒的只是自己的影子而已，心中非常羞慚，於是互相道歉，重新和好如初。

我們遇到懷疑的事，不宜過早下結論，要客觀、理智地去分析，才能夠瞭解真相。尤其在生氣的時候，不能像故事中的這對夫妻見到自己的影子，不能冷靜地思考分析，反而被嫉妒心沖昏頭腦而傷了和氣。

在我們周圍，總有一些人有比我們更漂亮的容顏、更優秀的才華、更豐厚的財產，或者更高的官職權力。對此，我們無法做到無動於衷。我們的反應大約有三種：其一是羨慕。欣賞別人的這種優勢，讚美它、誇耀它。其二是奮起直追。別人的優勢激發我們的創造力，驅使我們透過自身的努力去獲取成功。其三是憤怒與怨恨。面對別人的優勢，心理失去平衡，非破壞別人不足以讓自己的心靈寧靜，這種反應即為嫉妒。

嫉妒實在是一把雙刃劍，傷人也害己。一個人若有一點嫉妒心，本屬正常，或許還是自己前進的動力、奮發的泉源。可是這種情緒猶如野草，稍一放縱就會蔓生滋長，遍布整個心靈，同時也給自己的生活蒙上一層陰影。

很多時候，我們需要給自己的生命留一點空隙，就像兩輛車之間的安全距離——一點緩衝的餘地，可以隨時調整自己。

如果你手中有一副牌，這副牌無論好壞，你都要把它打完。人生也是這樣，唯一不同的是人生可以改變，而牌不行。還有，如果你打牌時輸了，後果可以草草結束；生命不可以，輸了一次，就會悔恨終生，只能等待虛實未卜的來生。

這一生，我們可以生活在嫉妒別人的陰影裡，也可以轉身面向陽光。

我們把花送給別人，首先聞到花香的是我們自己；我們抓起泥巴拋向別人，首先弄髒

的是自己的手。因此，我們要隨時懷好心，用實力擊垮比自己強的人。

我們不能決定生命長度，但是我們可以擴展它的寬度；我們不能改變自己的容貌，但是我們可以隨時展現笑容；我們不能控制他人，但是我們能掌握自己；我們不能預知明天，但是我們能利用今天。

這些事都跟心理學有關

在生活中，我們要讓自己豁達一點，因為這樣才能俯視一切。

看不見的圍牆

一天早晨，有一位園丁到花園的時候，發現所有花草樹木都凋謝了，園中充滿衰敗景氣，毫無生氣。

他非常詫異，問花園門口的一棵橡樹：你們究竟發生什麼事情？

後來他得知，橡樹因為自怨沒有松樹那樣高大挺拔，所以就生出厭世之心，不想活了；松樹又恨自己不能像葡萄藤那樣結果子而沮喪；葡萄藤也很傷心，因為它終日匍匐在地，不能直立，又不能像桃樹那樣綻開美麗的花朵；牽牛花也感到苦惱，因為它自嘆沒有紫丁香那樣芬芳。其餘的樹木也都有垂頭喪氣的理由，都埋怨自己不如別人。

這時，只有一棵小草卻長得青蔥可愛。於是園丁問它：你為什麼沒有沮喪？

小草回答：我沒有一絲灰心，一毫失望。我在此園中雖然算不上重要，但是我知道你需要一株橡樹、一棵松樹，或者葡萄藤、桃樹，或者牽牛花、紫丁香，你才去栽種它們；我知道你也需要我這棵小小的草，我就心滿意足地去吸收陽光、雨露，使自己天天成長。

這個富有哲理性的故事告訴我們：世界上沒有十全十美的事物，也沒有完全一樣的東西。作為萬物之靈的人類，會不會有十全十美的一個或者完全相同的兩個？成績不夠好的人，也許歌唱得很棒；不夠聰明的人，也許心地善良；你也許數學不好，可是能寫出很好的文章；你貌不出眾，可是你人緣很好……只要仔細觀察身邊的人，就會發現，再優秀的人，總有他的缺點和瑕疵；再差的人，也總有他的優點和獨特之處。這就是尺有所短、寸有所長的道理。

我們往往就是花園中的橡樹、松樹、葡萄藤、桃樹、牽牛花、紫丁香……由於自卑作怪，我們看不到自己的優點。追求完美，是人向上的天性；可是不完美卻是人生的真實和生活的真實。如果總是以幻想中的「完美」來要求自己，就永遠走不出自卑的泥沼。自卑，又像一道看不見的圍牆，把自卑者隔離和封閉起來。因為自卑，他們有退縮乃至失敗的藉口。自卑消磨少男少女的青春熱情和朝氣，也扼殺他們的進取精神，使他們成為同齡人之中的落伍者。

自卑是一種不良的心理狀態，但人們經常無法直接感受它，自卑經常隱藏在不良的情緒和行為後面，如無緣無故地緊張、不安、擔心、害怕。自卑不僅影響人的情緒，也使人在人際交往中退縮不前，更能影響人能力的發揮。有時候，我們也能感受到自己的無能，但卻沒有辦法。自信是自卑的剋星，也是我們與生俱來的潛能，培養自信就能克服自卑。

這些事都跟心理學有關

明白這個道理，你就會在思維上豁然開朗，進而悅納自己，接受現實，避開弱點，最大限度地發揮自己的長處。這樣，你也許將來會成為歌唱家、文學家、社會活動家、慈善事業家。你也許聽過，著名物理學家牛頓、愛因斯坦，幼年時都曾經有許多愚笨之處和弱點。

阿德勒的「自卑情結」

阿爾弗雷德・阿德勒於一八七〇年出生於奧地利維也納近郊的一個富裕的糧食商家庭，但是在阿德勒的記憶中，家境的富裕似乎沒有給他的童年帶來多少快樂的感覺。他在兄弟中排行第二，從小駝背，行動不便，這使他在蹦跳活躍的哥哥面前總感到自慚形穢，總是覺得自己又小又醜，樣樣不如別人。

五歲那年，一場大病幾乎使他丟掉小命，痊癒以後，他決定要當一名醫生，在後來的回憶中，他說自己的生活目標就是要克服兒童時期對死亡的恐懼；進學校讀書以後，起初他的成績很差，以致老師覺得他不具備從事其他工作的能力，因而向他的父母建議及早訓練他做個鞋匠才是明智之舉。

一八九五年，阿德勒在維也納大學獲得醫學學位。在從事一段眼科和內科工作之後，他成為一名精神病學醫生。一九〇二年，他被佛洛伊德邀請加入維也納精神分析協會，成為佛洛伊德最早的同事之一。一九〇七年，阿德勒發表一篇論述由身體缺陷引起的自卑感及其補償的論文，並且獲得很高的聲譽。一九一一年，阿德勒率領他的幾個追隨者退出維也納精神分析協會，另組「自由精神分析研究會」，鑑於「精神分析」一詞已經被佛洛伊德使用，不久他又把組織名字改為「個體心理學學會」。

一九三五年，阿德勒定居美國，在長島醫學院任醫科心理學教授。他的觀點透過這個學會在紐約、芝加哥、洛杉磯等地廣為傳播，並且辦有刊物《美國個體心理學雜誌》。

阿德勒的理論有其完備的體系，但其中最著名的概念之一就是他的「自卑情結」。阿德勒從自己的成長經歷中總結出這個概念，並且提出與之相關的理論。他認為，自卑感起因於一個人感覺生活中任何方面都不完善、有缺陷。這會使人心情沮喪，但同時自卑感也能促使人努力克服缺陷。阿德勒把這種努力叫做補償。舉例來說，一個虛弱的孩子經常勤奮地鍛鍊身體，使自己變成一個肌肉發達的強壯的人。這就是他在補償自己生理上的缺陷。阿德勒還認為，人們都會為力求自身完美而不斷努力，他把這個稱作追求優越，而補償也是追求優越的別稱。這個從小矮小醜陋有缺陷的孩子，在自己的不斷努力下，戰勝自卑，追求優越，成長為心理學史上的一位巨人！

其實，自卑在我們的現實生活中是廣泛存在的，自卑的產生不一定是壞事，它可能激發我們身上某些隱藏的潛能，關鍵在於我們如何看待自卑。任何事物都有兩面性，只要我們的看法發生改變，自卑對於我們的作用也就會相應改變。只要相信，這個世界總有你的位置。

農夫養了三隻小白羊和一隻小黑羊，三隻小白羊因為有雪白的皮毛而驕傲，而對那隻小黑羊不屑一顧：「你自己看看身上像什麼，黑漆漆的，像鍋底。」「依我看呀，像炭灰。」「像蓋了幾代的舊被褥，髒死了。」

不僅小白羊，農夫也瞧不起小黑羊，經常給牠吃最差的草料，不時還對牠抽上幾鞭。小黑羊過著寄人籬下的日子，也覺得自己比不上那三隻小白羊，經常傷心地獨自流淚。

初春的一天，小白羊和小黑羊一起外出吃草，走得很遠。不料寒流突然襲來，下起了鵝毛大雪，牠們躲在灌木叢中相互依偎著……不一會兒，灌木叢和周圍都鋪滿了雪。牠們打算回家，但是雪太厚了，無法行走，只好擠作一團，等待農夫來救牠們。

農夫發現四隻羊羔不在羊圈裡，立刻上山尋找，但是四處一片雪白，哪裡有羊羔的影子。正在這時，農夫突然發現遠處有一個小黑點，立刻快步跑去。到那裡一看，果然是瀕臨死亡的四隻羊羔。

農夫抱起小黑羊，感慨地說：「多虧小黑羊，不然羊兒可能要凍死在雪地裡！」

這些事都跟心理學有關

在滾滾紅塵中，生命有如滄海一粟，不要讓自卑佔據你整個心靈。拒絕自卑吧！並且經常提醒自己「天生我材必有用」，生活不會也不可能將你遺忘。

不能被貪念打敗

不知道是在哪本書上，我看到這樣一句話：欲望像海水，喝得越多，越是口渴。

這是一個發生在美國俄亥俄州的故事：

一八五六年，亞歷山大商場發生一起盜竊案，總共失竊八支金錶，損失十六萬美金，在當時，這是相當龐大的數目。

就在案子尚未偵破前，有一個紐約商人到此地批貨，隨身攜帶四萬美元現金。他到達下榻的飯店以後，先辦理貴重物品的保存手續，接著將錢存進飯店的保險櫃中，隨即出門吃早餐。

在咖啡廳裡，他聽見鄰桌的人在談論前陣子的金錶盜竊案，因為是一般社會新聞，這個商人不當一回事。

中午吃飯的時候，他又聽見鄰桌的人談及此事，他們還說有人用一萬美元買了兩支金錶，轉手以後賺了三萬美元，其他人紛紛投以羨慕的眼光說：「如果讓我遇上，不知道有多好！」

然而，商人聽到以後，卻懷疑地想：「哪有這麼好的事情？」

到了晚餐時間，金錶的話題竟然再次在他耳邊響起，等到他吃完飯，回到房間以後，忽然接到一個神秘的電話：「你對金錶有興趣嗎？老實跟你說，我知道你是做大買賣的商人，這些金錶在本地不好脫手，如果你有興趣，我們可以商量看看，品質方面，你可以到附近的珠寶店鑑定，如何？」

商人聽到以後，不禁怦然心動，他想這筆生意可以獲取的利潤比一般生意優厚許多，所以答應與對方會面詳談，結果以四萬美元買下傳說中被盜的八支金錶中的三支。

但是第二天，他拿起金錶仔細觀看，卻覺得有些不對勁，於是將金錶帶到熟人那裡鑑定，沒想到鑑定的結果是，這些金錶竟然都是假貨，全部只值兩千美元而已。直到這幫騙子落網以後，商人才明白，自從他進入飯店存錢，這幫騙子就盯上他，他一整天聽到的金錢話題，也是他們故意安排設計的。

歹徒的計畫是，如果第一天商人沒有上當，接下來，他們還會有許多花招準備誘騙他，直到他掏出錢為止。

因為貪私而迷失方向的人比比皆是；因為貪圖，而喪失天良的人也隨處可見。貪欲不僅可怕，也是導致許多人失敗的原因。

貪婪自私的人往往目光短淺，所以他們只瞧見眼前的利益，看不見身邊隱藏的危機，也看不見自己生活的方向。

不知足是一種病態，其病因多是權力、地位、金錢……所引發的。這種病態如果發展下去，就是貪得無厭，其結局是自我毀滅。

托爾斯泰說：「欲望越小，人生越幸福。」這句話蘊含深邃的人生哲理，是針對「欲望越大，人們越貪婪，人生越容易致禍」而言。古往今來，被難填的欲壑所葬送的貪婪者，多得不計其數。

就像故事中明知道金錶是「贓貨」的商人，因為被自己的貪念打敗，最終無法抗拒騙子的誘惑而自食惡果。

這些事都跟心理學有關

其實，每個人擁有的財物，無論是房子、車子、鈔票，不管是有形的，還是無形的，沒有一樣是屬於你的，那些東西只是暫時寄託於你，有些讓你暫時使用，有些讓你暫時保管，到了最後，物歸何主都未可知，所以智者把這些財富視為身外之物。

欲望的盡頭還是欲望

有一位禁欲苦行的修道者，準備離開他所住的村莊，到無人居住的山中隱居修行，他只帶了一塊布當作衣服，就到山中居住了。後來，他想到要洗衣服的時候，需要另外一塊布來替換，於是下山到村莊中，向村民們乞討一塊布當作衣服，村民們知道他是虔誠的修道者，於是毫不猶豫地給他一塊布，當作換洗用的衣服。

這位修道者回到山中之後，他發現在他居住的茅屋裡有一隻老鼠，經常會在他專心打坐的時候來咬他那件準備換洗的衣服，他早就發誓一生遵守不殺生的戒律，因此他不願意去傷害那隻老鼠，但是他又沒有辦法趕走那隻老鼠，所以他回到村莊中，向村民要一隻貓來飼養。

得到貓之後，他又想到：「要吃什麼？我不想讓貓去吃老鼠，但是不能跟我一樣只吃一些野菜吧！」於是，他又向村民要了一頭乳牛，那隻貓就可以靠牛奶為生。

但是，在山中居住一段時間以後，他發現每天都要花很多的時間來照顧那頭母牛，於是他回到村莊中，找了一個可憐的流浪漢，帶著無家可歸的流浪漢到山中居住，幫他照顧乳牛。

流浪漢在山中居住一段時間之後，他向修道者抱怨：「我跟你不一樣，我需要一個太太，我要正常的家庭生活。」修道者想一想也有道理，他不能強迫別人一定要跟他一樣，過著禁欲苦行的生活。

這個故事就這樣演變下去，到了後來，也許是半年以後，整個村莊都搬到山上了。這正是發生在我們身邊的故事，欲望就像是一條鏈，一個牽著一個，永遠都不能滿足。真正可悲的是：人們絕對不愁為自己的欲望找不到藉口。

欲望，是一種與生俱來的東西，人有活著的欲望，有要飯吃要衣穿要房住的欲望。最基本的欲望得不到滿足，當然是一種痛苦。但是，所有欲望都得到滿足也未必是一種幸福——**何況，不可能有所有欲望都得到滿足的時候，因為欲望的盡頭還是欲望。**

不可否認的一個事實就是：一點欲望都不存在的人是找不到的。欲望確實是很難抵擋的，連聰慧異常的夏娃都禁不住各種告誡而偷吃禁果，何況我們這些在攘攘紅塵中穿行的凡人。

世界是美好的，美好的生活是人人都嚮往的。正是這種嚮往，激勵人們克服一個又一個艱難險阻，駛向理想的彼岸。嚮往有大有小，有高有低，有些是為別人，有些是為自己，如果控制不當，嚮往就會迷失方向，氾濫成災，「欲壑難填」說的就是這個道理。

我們人類在各種年齡段會有各種不同的欲望，這本不是我們的錯。我們的錯是不能使我們的欲望接受理智的規範與約束，這中間的分別不是有沒有欲望，而是有沒有管束欲望的能力與克制自己某種欲望的功夫。

蒙克夫・基德是一位登山家，在未帶氧氣瓶的情況下，多次跨過六千五百公尺的死亡線，最終登上世界第二高峰——喬戈里峰。一九九三年，他的這個壯舉被列入金氏世界紀錄。在頒發金氏世界紀錄證書的記者招待會上，他這樣描述無氧登山的奧秘：「無氧登山的最大障礙是欲望，因為在山頂上，任何一個小小的雜念都會使人感覺到需要更多的氧。我之所以取得成功，就是因為我學會清除欲望和雜念。」

蒙克夫・基德是明智的。正如塞涅卡所說，能約束自己的人最有威信，最能成功。

這些事都跟心理學有關

如果可以在讀書、上學時，克制玩及談情說愛的欲望，工作時，克制享樂的欲望，做一件事時，克制其他欲望，就可以讓自己活得更有成績，更有意義。

人類的欲望是一座火山

是什麼控制人們的欲望？專家學者研究後發現：一是信仰（道德），佔八〇％；二是制度（法律），佔二〇％。所以，人類的正確行為主要源自正確的信仰和道德。

欲望是每個人都有的，唯一不同的是欲望是什麼。古時候，一個太監失去男人特有的欲望以後，就會對金錢特別感興趣，這就是錢的欲望。

一個人產生想要變漂亮的欲望以後，就會變得一無所有而只想要漂亮，但是一個不漂亮的人會有一種以其他方面來彌補自己不漂亮的欲望。這樣就可以看出，上天對每個人的欲望是公平的，是按比例分配的。所以，一個人如果可以合理地分配自己的欲望，他也不一定成功，但是他如果不注意分配，他將一定失敗。

要記住：凡事皆有度。如果不懂得節制你的欲望，最後一定是得不償失。

一個沿街流浪的乞丐每天總在想，假如我手頭有兩萬元就好了。一天，這個乞丐無意中發現一隻跑丟的很可愛的小狗，乞丐發現四周沒有人，就把狗抱回他住的窯洞裡，並且拴了起來。

這隻狗的主人是本市有名的富翁，這位富翁遺失狗以後十分著急，因為這是一隻純正的進口名犬。於是，他在當地電視台發出一則尋狗啟事：如有拾到者請速還，付酬金兩萬元。

第二天，乞丐沿街行乞時，看到這則啟事，迫不及待地抱著小狗準備去領兩萬元酬金，可是當他匆匆忙忙抱著狗又路過貼啟事處時，發現啟事上的酬金已經變成三萬元。原來，富翁尋狗不著，又打電話通知電視台把酬金提高到三萬元。

乞丐似乎不相信自己的眼睛，向前走的腳步突然間停下來，轉身將狗抱回窯洞，重新拴了起來。

第三天，酬金果然又漲了，第四天又漲了，直到第七天，酬金漲到讓市民感到驚訝的時候，乞丐才跑回窯洞去抱狗。

想不到的是，那隻可愛的小狗已經被餓死了，乞丐還是乞丐。

這些事都跟心理學有關

人生在世，很多美好的東西不是我們無緣得到，而是我們的期望太高，往往在剛要接近一個目標時，又會突然轉向另一個更高的目標。西方一位哲人曾經說過一句話：「人類的欲望是一座火山，如果不控制就會害人傷己。」

《洛基》的男主角被拒絕幾次？

林語堂曾經勉勵我們：「人生有夢，築夢踏實。」

每個人都有自己的夢想，許多人只會責怪生活磨蝕夢想，從來不會責怪自己為何不踏實築夢。「美夢成真」這句話，也許聽起來很遙遠，但永遠不會嫌遲，晚來總比不來好，成功是沒有時間表的。

海倫十四歲時就夢想成為作家，但沉重的經濟壓力使她像一般人一樣，過著勞碌奔波的生活，從來沒有創作一部作品。

到了五十歲，好不容易卸下生活的重擔，她才有機會對自己的人生做出新的規劃。

海倫加入一個寫作團體，開始嘗試寫作，並且將自己第一部小說寄給三家出版社。

結果，她收到三份退件。海倫仍然不死心，又將書稿寄給三十三家代理商，只是這三十三家代理商同樣寄了三十三份退件給她。

他們客套地稱讚海倫頗具創意，但是從事寫作，只有創意是不夠的，言下之意，他們認為海倫除了創意之外，一無可取。

海倫沒有為此感到沮喪，她很高興聽到來自四面八方的意見，並且虛心地把這一切看成是學習的機會，讓自己知道在哪些方面比較缺乏，在哪些部分需要加強。

憑著對寫作的熱情，她參加一個犯罪調查和辯論技巧的研習班，開始收集有關犯罪事件的文章，並且經常請教犯罪專家，從中汲取各種經驗。

經驗使人成長，海倫內心累積的能量越來越多，也受到許多啟發，並把各種零星事件串聯起來，開始構思故事。

後來，海倫帶著完成的前半部作品參加一個作家會議，與會之前，海倫用心調查每位代理商的背景，並決定把書稿交給其中最具潛力的一家。

這一次，代理商沒有支支吾吾，看完海倫的小說，只問了一個問題：「你想要多少稿酬？」

海倫想了片刻，大膽提出足以令她安心寫作兩年的價錢：「十二萬美元。」

代理商欣然同意，於是海倫出版第一部小說《鹽的世界》，當時她已經五十二歲。

人只要還有夢想，無論到了什麼年紀，都還有圓夢的希望。

在美國，有一位窮困潦倒的年輕人，即使在身上全部的錢加起來都不夠買一件像樣的西裝的時候，仍然全心全意地堅持自己心中的夢想，他想做演員，拍電影，當明星。

當時，好萊塢共有五百家電影公司，他逐一數過，並且不止一遍。後來，他又根據自己認真劃定的路線與排列好的名單順序，帶著自己寫好的量身訂做的劇本前去拜訪。但是第一遍下來，五百家電影公司沒有一家願意聘用他。

面對百分之百的拒絕，這位年輕人沒有灰心，從最後一家被拒絕的電影公司出來之後，他又從第一家開始，繼續他的第二輪拜訪與自我推薦。

在第二輪的拜訪中，五百家電影公司依然拒絕他。

第三輪的拜訪結果，仍然與第二輪相同。這位年輕人開始他的第四輪拜訪，拜訪第三百四十九家以後，第三百五十家電影公司的老闆答應願意讓他留下劇本先看看。

幾天後，年輕人獲得通知，請他前去詳細商談。

就在這次商談中，這家公司決定投資開拍這部電影，並且請這位年輕人擔任自己所寫劇本中的男主角。

這部電影名叫《洛基》。

這位年輕人的名字就叫席維斯・史特龍。現在翻開電影史，這部叫《洛基》的電影與這個日後紅遍全世界的巨星皆榜上有名。

這些事都跟心理學有關

在這個世界上，有陽光，就必定有烏雲；有晴天，就必定有風雨。從烏雲中解脫出來的陽光比從前更加燦爛，經歷過風雨的天空才能綻放出美麗的彩虹。人們都希望自己的生活中能夠多一些快樂，少一些痛苦，多一些順利，少一些挫折。可是命運卻似乎總愛捉弄人、折磨人，總是給人以更多的失落、痛苦和挫折。此時，我們要相信，只要擁有夢想，就有成功的機會。

尋找積極的力量

美洲虎是一種瀕臨滅絕的動物，世界上僅存十幾隻，其中秘魯動物園有一隻。秘魯人為了保護這隻美洲虎，專門為牠建造虎園，裡面有山有水，還有成群結隊的牛羊兔子供牠享用。奇怪的是，牠只吃管理員送來的肉食，經常躺在虎房裡，吃了睡，睡了吃。

有人說：「失去愛情的老虎，怎麼能有精神？」為此，動物園又定期從國外租來雌虎陪伴牠。可是美洲虎最多陪「女友」出去走走，不久又回到虎房，還是打不起精神。

一位動物學家建議：「虎是林中之王，園裡只放一群吃草的小動物，怎麼能引起牠的興趣。」動物園的管理人員採納專家的意見，放進三隻豺狗。從此以後，美洲虎不再睡懶覺。牠時而站在山頂引頸長嘯；時而衝下山來，雄赳赳地滿園巡邏；時而追逐豺狗挑釁。

美洲虎有攻擊的對手，也就有壓力，有壓力使牠精神倍增，與以前大不一樣。

人生在世，雖然無法逃避生活和工作中的各種壓力，但是我們有辦法戰勝它。壓力既有破壞性力量，也有積極的促進力量。壓力能夠變動力，這是物理學上的一條定理。

壓力，是一種冒險，適度的冒險可以增強人體新陳代謝的能力，改善大腦營養，增強抵抗力。正像成人喜歡看恐怖影片、兒童愛聽鬼故事那樣，人有一種「接受冒險」的心理。所以，有壓力不可怕，可怕的是沒有勇氣擺脫壓力，戰勝困難。

壓力，還是一種刺激，凡是有生命的物質都離不開刺激。饑餓是一種壓力，迫使你用勞力去獲取食物；寒冷是一種壓力，迫使你動手編織禦寒的衣服；事業是一種壓力，迫使你努力工作達到彼岸。得到食物、衣服、業績，就是一種刺激。如此說來，壓力成為推動人們前進的動力。

每個人都會有這樣的體會，一個人飯後散步時可以背起手來，閒情漫步，如果讓他挑上百斤重擔，就會立刻小跑起來。這是為什麼？是壓力產生動力。法國的維克多・格林尼亞，就是憑藉壓力，激發出動力，獲得諾貝爾化學獎。

格林尼亞出生於有錢人家，從小生活奢侈，不務正業，人們都說他是一個沒有出息的花花公子。在一次宴會上，格林尼亞有意靠近一位年輕貌美的女孩。可是這位女孩毫不留情地對他說：「請站遠點，我最討厭你這樣的花花公子擋住視線。」驕傲的格林尼亞有生以來，第一次遇到這樣的羞辱。這令人無地自容的羞辱，像重重的一拳，把昏睡不醒的他擊醒。他從宴會上回來，給家人留下一封書信：「請不要探詢我的下落，容我去刻苦學習，我相信自己將來會做出一些成績的。」果不其然，八年後，他成為著名的化學家，時隔不久，又獲得諾貝爾化學獎。後來格林尼亞收到一封信，信中只有一句話：「我永遠敬愛那些敢於戰勝自己的人。」寫信者正是那位美麗的女孩。

這些事都跟心理學有關

格林尼亞當眾受辱有壓力，他為了洗刷掉這些羞辱，促使自己去戰勝自我，後來終於用羞辱換得榮譽，實現由花花公子向偉大科學家的轉化。這就是物極必反，壓力變動力的結果。我們還從格林尼亞的轉化中發現，一個人追求的目標越高，戰勝壓力的力量就越大。

微笑是最有力的武器

有一位老和尚，養了一條狗。這條狗的名字很怪，不叫小花、大黃、小黑、小白，更不是旺財、來福，這位大師給牠取名叫放下。每日黃昏，他都要親自去餵牠。落日下，只見誦了一天經的老和尚端著飯食，來到院子裡，一聲聲地喊著愛犬的名字：放下，放下。

一次，這個情景被一個小女孩看到，她疑惑地跑去問：「大師，你為什麼給牠取名『放下』？這個名字很奇怪。」

大師笑著說：「小女孩，你以為我真的在叫牠嗎？我是在告訴自己要『放下』。」

當壓力來臨時，我們不妨也學會放下。

美國有一位企業的董事長，發現自己被工作壓得喘不過氣，行為變得異常，就為自己找了一件事情做：釘紐扣。他感到心煩意亂手足無措的時候，就會停下工作，在一塊布上釘一顆鈕扣。後來，鈕扣釘得越來越多，好幾塊布上都釘滿各種各樣的鈕扣。再後來，他把這個愛好擴大，很多時候，員工都會看到他一個人坐在辦公室裡削鉛筆，或者幫其他員工削鉛筆，再後來發展到幫員工煮咖啡、倒垃圾……看起來簡直就像個雜工一樣。但是他沒有放下自己那些重要的工作，而是把更多的時間放在讓自己休息的簡單工作上，而不是那些永遠沒完沒了的工作上。

一年以後，他的精神狀態恢復正常，但是他再也沒有像以前那樣拼命地工作，而是把工作分成三種：必須自己做的、可以交給別人做的、可以完全放下的。後來，工作對他來說變成一件快樂的事，他也不用靠釘鈕扣、削鉛筆來解放自己，如今他可以去打高爾夫球，可以去游泳……他發現新的工作方式。

最重要的是要保持良好的心態。到最後，壓力還是產生於我們的內心，只要隨時保持樂觀的心態，壓力的陰影自然也會散去。

這個時候，微笑往往是最有力的武器。

一天，布恩去拜訪一位客戶，但是很可惜，他們沒有達成協定。布恩很苦惱，回來以後，把事情的經過告訴經理。

經理耐心地聽完布恩的講述，沉思一會兒說：「你不妨再去一次，但是要調整自己的心態，運用你的微笑，用微笑打動對方，讓他看出你的誠意。」

布恩試著去做了，他把自己表現得很快樂，很真誠，微笑一直洋溢在他的臉上。結果對方也被布恩感染了，很愉快地簽定協議。

布恩已經結婚十八年，每天早上起來去上班，很少對太太微笑，或對她說幾句溫存的話，既然微笑能在商業活動中發揮如此巨大的作用，布恩就決定在家中試一試。

第二天早上布恩梳頭照鏡子，把臉上的愁容一掃而空，對著太太微笑。吃早餐時，他向太太問候：「早安，親愛的！」太太驚愕不已。但是從此以後，布恩在家得到的幸福比過去兩年更多。

於是，布恩要上班的時候，對大樓門口的電梯管理員微笑；跟大樓門口的警衛熱情地打招呼；站在交易所裡對著那些從未謀面的人微笑。布恩很快就發現，每個人同時也對他報以微笑。他以一種愉悅的態度，對待那些滿腹牢騷的人，一面聽他們的牢騷，一面微笑著，於是問題就容易解決了。

由微笑開始，布恩學會賞識和讚美他人，不再蔑視他人。他停止談論自己所需要的，試著從別人的觀點來看事情。這一切，改變他的生活，使他變成一個完全不同的人，一個更快樂的人，一個在友誼和幸福方面很富有的人。

微笑就是情緒的美麗外衣，你的笑容就是你如意的信差，能照亮所有看到它的人。

這些事都跟心理學有關

矯正不合邏輯的思維方式，改變認知錯誤的現象，不是輕而易舉的事情，對周圍事物可以做出客觀分析，對現實生活就有正確領悟，就會置身於一個充滿積極向上情感的世界中，心情會豁然開朗。

最大的失敗，是在失敗面前低頭

對許多人來說，挑戰是一個令人頭疼的問題。在他們看來挑戰是一種長期的、影響深遠的威脅，並且超出自己控制的範圍。每個明天都是希望。無論陷入怎樣的逆境，都不應該絕望，因為前面還有許多個明天。樂觀的人，在絕望中仍然滿懷希望；悲觀的人，在希望中還是絕望。

為什麼你不敢將夢想付諸行動？是因為覺得為時已晚，還是害怕失敗？不要著急，現在開始為時不晚！從零開始，經營自己的人生，也許將會收穫更多。

五十年前，有一個美國人叫卡納利，家裡經營一家雜貨店，生意一直不好。年輕的卡納利告訴他的父母，既然經營這麼多年都沒有成功，就應該換一個思路，想想其他辦法。他的家附近有幾所大學，學生經常出來吃飯。卡納利想，附近還沒有人開一個披薩店，賣披薩肯定能賺錢。他就在自家的雜貨店對面開了一家披薩店。他把披薩店裝修得精巧溫馨，十分符合學生追求高雅情調的特點。不到一年時間，卡納利的披薩成為附近的名店，每天都顧客爆滿。他又開了兩家分店，生意也很好。

卡納利的胃口大起來，他馬不停蹄地在奧克拉荷馬又開了兩家分店。但是不久，一個個壞消息傳來，他的兩個分店嚴重虧損。起初，他一個店準備五百份，結果總有一半的披薩賣不出去。後來他又按二百份準備，還是剩下很多。最後，他乾脆只準備五十份，這是一個連房租都不夠的數字，仍然不行。最後，一天只有幾個人光顧的情景也出現了。同樣是賣披薩，兩個城市同樣有大學，為什麼在奧克拉荷馬就會失敗？不久，他發現問題，兩個城市的學生在飲食和趣味上存在巨大差異。此外，在裝潢和配方上，他也犯了錯誤。他迅速改正，生意很快興隆起來。

在紐約，他也吃盡苦頭。他進行很細緻的市場調查，但是披薩就是打不開市場。後來，他又發現，賣不動的原因是披薩的硬度不合紐約人的口味。他立即研究新配方，改變硬度，最後披薩成為紐約人早餐的必備食品。

從第一家披薩店算起，十九年後，卡納利的披薩店遍布美國，共計三千一百家，總值三億多美元。

卡納利說，我每到一個城市開一家新店，十分之九是失敗的，最後成功是因為失敗後我從沒有想過退縮，而是積極思考失敗原因，努力想新的辦法。因為不能確定什麼時候成功，所以你必須先學會失敗。

這些事都跟心理學有關

想要獲得成功，首先必須學會失敗。只要持續不斷地敲門，成功之門總會被打開。失敗往往是成功的前奏，只要我們以平常心面對，總有一天會和成功握手，其實人生最大的失敗不是失敗本身，而是在失敗面前低頭。

求人不如求己

在我們的生活中，絕大部分恐懼都是沒有存在理由的，往往是對自己缺乏信心造成的。例如，在面對困難時表現出情緒低落、畏懼困難、恐慌。成功的大敵就是猶豫不決、懷疑及恐懼，當你被疑慮和憂懼纏身，對自己沒有信心時，就會喪失成功的機會。

馬歇爾・菲爾德的零售店在芝加哥大火中燒毀了，所有家產幾乎付之一炬。面對這個令人沮喪的場景，他卻指著燃燒中的灰燼說：「我要在這個地方，開一家全世界最大的零售商店。」他做到了。在芝加哥的史笛特街及魯道夫大道的交匯處，人們至今依然可以看到馬歇爾・菲爾德的公司巍然矗立著。

每一個逆境中，都隱藏成功的契機。就像一顆種子，需要勇氣、信心及創造力，才能培育它，使它萌芽、茁壯成長並且開花結果。

西維吉尼亞的理查・戴維斯就是一個身處逆境而不喪失自信的典型事例。他為了煤礦事業奮鬥一生，卻在經濟大恐慌中失去一切。他不願意宣告破產，因為他相信自己能夠重新崛起。經過自己不斷的努力，他終於克服困難和挑戰，還清沉重的債務。

大自然利用困難和失敗，讓人們懂得謙卑，並且領悟生命的真理與智慧。一位智者曾經說：「你不可能遇到一個從來沒有遭受失敗或打擊的人。」他發現，人們成就的高低，和他們對失敗和打擊的承受能力成正比。他還有另一項重要的發現：真正偉大的成功者，往往是年逾半百的人。他說：「人們在五十～七十歲之間，遭遇人生的各種磨難，智慧達到最高峰，對自己各方面的能力都有很強的判斷能力，更重要的是他們能夠樹立堅定的信心。」

成功者不一定具有超常的智慧，命運之神也不會給予任何特殊的照顧。相反的，幾乎所有成功者都經歷過坎坷、命運多舛，他們是從不幸的境遇中奮起前行的。在他們看來，壓力也就是動力。

著名心理學家貝弗士奇說得好：「人們最出色的工作，往往是在處於逆境的情況下做出的。思想上的壓力，甚至肉體上的痛苦，都可能成為精神上的興奮劑。很多傑出的偉人都曾經遭受心理上的打擊，以及各種的困難。」他還指出：「忍受壓力而不氣餒，是最終成功的要素。」

有很好的承受壓力的能力，不怕挫折，是高逆商者的表現。當壓力來臨時，應該想到是「摘取成功之果」的機會降臨了。

十九世紀末期，美國康乃爾大學做過一次有名的青蛙實驗。他們把一隻青蛙冷不防丟進煮沸的油鍋裡，這隻青蛙在生死關頭突然用盡全力，一下子躍出那個會使牠葬身的滾燙的油鍋，安全逃生！

半小時以後，他們使用同樣的鍋，在鍋裡放滿冷水，然後把那隻第一次死裡逃生的青蛙放到鍋裡，接著他們悄悄在鍋底下用炭慢慢燒。青蛙悠然地在水中享受「溫暖」，等到牠感覺到熱度已經熬受不住，必須奮力逃命時，為時已晚，牠欲躍卻乏力，全身癱瘓，終於葬身在熱鍋裡。

這些事都跟心理學有關

這個實驗給我們提示一個殘酷無情的事實，當生活的重擔壓得我們喘不過氣，挫折和困難堵住四面八方的通道時，我們往往能發揮自己意想不到的潛能，殺出重圍，開闢出一條活路。可是在耽於安逸、貪圖享樂或是志得意滿、維持功名的時候，反倒陰溝裡翻船，弄得一敗塗地，不可收拾！

擁抱磨難，戰勝挫折

挫折會使人受到打擊，給人帶來損失和痛苦，但挫折也可能給人激勵，讓人警覺、奮起、成熟，把人鍛鍊得更加堅強。挫折既能折磨人，也能考驗人、教育人，使人學到許多終生受益的東西。**德國詩人歌德說：「挫折是通往真理的橋樑。」**挫折面前沒有救世主，只有自己才是命運的主人。只要我們把命運牢牢地掌握在自己手中，就會歷經挫折而更加成熟和堅強，進而更有信心獲得勝利和成功。

有人把挫折比做一塊鋒利的磨刀石，我們的生命只有經歷它的打磨，才能閃耀出奪目的光芒。「不經歷風雨，怎能見彩虹？」經歷挫折的成長更有意義，挫折其實是一筆財富。多少次艱辛的求索，多少次噙淚的跌倒與爬起，都如同花開花落一般，為我們今後的人生道路做下鋪墊。成長的過程好比在沙灘上行走，一排排歪歪曲曲的腳印，記錄我們成長的足跡，只有經受挫折，我們的雙腿才會更加有力，人生的足跡才能更加堅實。

既然挫折一定會不期而至，我們應該以怎樣的平常心來面對？

博恩・崔西所著的《勝利》一書中，講述一個關於邱吉爾的故事。

一九四一年，英國正處於第二次世界大戰中最陰暗的日子裡。有人要求溫斯頓・邱吉爾向德國求和，但是被他拒絕了。當時，邱吉爾面臨德國在歐洲壓倒性的軍事優勢，而美國又明確表示不會再捲入歐洲地面戰爭。為什麼邱吉爾拒絕尋求達成某種和平協議，以結束戰爭？

邱吉爾說：「肯定會出現某種狀況把美國捲入戰爭，這樣就可以使戰爭急轉直下。」有人問他為什麼那麼自信地認為肯定會出現那樣的狀況，他回答：「因為我研究過歷史，歷史告訴我，如果你堅持的時間長，就肯定會出現轉機。」

我們今天面對的絕大多數挫折，和邱吉爾在第二次世界大戰中面臨的巨大挑戰相比，根本無足輕重。關鍵是看你能不能以平常心來看待，並且堅信能夠等到轉機的出現。

這是一個普遍的現象：即使是成功者和大人物，他們事業的開頭也往往是以挫折和失敗為開場白的，而且即使日後獲得成功，還會經常遇到挫折，這一點與一般人對功成名就的成功者的理解不同。即使像美國總統林肯那樣偉大的人，雖然最後贏得戰爭的勝利，但是在南北戰爭的第一仗中也面臨慘敗。而且，當林肯在總統任上發表具有劃時代意義的《解放宣言》的時候，這個事實上是如此英明和偉大的宣言，卻在當時激起美國社會的劇烈反應，攻訐者不僅來自他的政敵，甚至還出現在他的支持者中，騷亂不時在各地蔓延。然而，為了讓世人看清他是一個怎樣的領袖，林肯絕對不屈服。面對日復一日巨大的挫折和壓力，林肯以他的堅忍不拔，證明他想要證明的一切。

在挫折面前，我們最先需要的就是平常心。不要浪費時間去為已經無法改變的事情擔憂，因為憂愁對事情毫無幫助。分析眼前的情況並尋求解決的辦法更加重要。而且，任何事情都不是一成不變的，而是隨著時間的推移在不斷地發生變化，明白這一點，你就會樂觀起來。

這些事都跟心理學有關

要相信時間會幫你的忙。看看是否還有辦法補救或挽回，如果面對的是一時無法改變的局面，像邱吉爾一般地忍耐和等待，並且相信時間一定會幫你的忙。

不經歷風雨，怎能見彩虹？

鑑真大師剛遁入空門時，寺裡的住持讓他做了誰都不願做的行腳僧。

有一天，日已三竿，鑑真依舊大睡不起。住持很奇怪，推開鑑真的房門，見床邊堆了一大堆破破爛爛的瓦鞋。住持叫醒鑑真問：「你今天不外出化緣，堆這麼一堆破瓦鞋做什麼？」鑑真打了一個哈欠說：「別人一年一雙瓦鞋都穿不破，我剛剃度一年多，就穿爛這麼多的鞋子。」

住持一聽就明白了，微微一笑說：「昨天夜裡下了一場雨，你隨我到寺前的路上走走看看吧！」寺前是一段黃土坡，由於剛下過雨，路面泥濘不堪。

住持拍著鑑真的肩膀說：「你是願意做一天和尚撞一天鐘，還是想做一個能光大佛法的名僧？」鑑真回答：「想做名僧。」

住持撚鬚一笑：「你昨天是否在這條路上走過？」鑑真說：「當然。」

住持問：「你能找到自己的腳印嗎？」

鑑真十分不解地說：「昨天這條路又乾又硬，哪能找到自己的腳印？」

住持又笑著說：「如果今天我們在這條路上走一趟，你能找到你的腳印嗎？」鑑真說：「當然可以。」

住持聽了，微笑著拍拍鑑真的肩說：「泥濘的路才能留下腳印，芸芸眾生莫不如此啊！那些一生碌碌無為的人，不經歷風雨，就像一雙腳踩在又平又硬的大路上，什麼也沒有留下。」鑑真恍然大悟。

是啊，只有那些在風雨中走過的人們，才知道痛苦和快樂究竟表示什麼。泥濘中留下的兩行印跡，就證明他們的價值。

「不經歷風雨，怎能見彩虹」，任何一種本領的獲得都要經由艱苦的磨練，**「梅花香**

自苦寒來，寶劍鋒從磨礪出」。任何投機取巧或妄圖減少奮鬥而達到目的的做法都是揠苗助長般愚蠢的行為。任何香甜的果實，都是勇士戰勝艱難險阻，用自己的血汗澆灌的。中國第一部紀傳體史書《史記》，就是司馬遷在遭受宮刑之後，身心受到極度摧殘的情況下完成的。

現在有許多年輕人都在談論人生。然而，他們對人生旅途的坎坷和曲折卻往往估計不足，經常天真地把人生之路看得像機場跑道一樣平坦筆直，像公園的小徑一樣到處盛開鮮花。所以，當他們在前進的道路上遇到困難和挫折時，就會悲觀迷惘彷徨。在人生的旅途上，總是歡樂與悲傷並存，順利與挫折交錯，順心和失意重疊。特別是那些有作為的人，在前進的道路上，經常是先有「山窮水盡疑無路」的逆境，幾經奮鬥，才迎來「柳暗花明又一村」的坦途。

這些事都跟心理學有關

要認清一個事實：想要獲得成功，就要有戰勝困難和挫折的勇氣和信心。

胸懷大度，寬厚待人

十九世紀初期，蕭邦從波蘭流亡到巴黎。當時，匈牙利鋼琴家李斯特已經蜚聲樂壇，蕭邦還是一個默默無聞的小人物，李斯特對蕭邦的才華卻深為讚賞。怎樣才能使蕭邦在觀眾面前贏得聲譽？李斯特想了妙法：那個時候，在鋼琴演奏時，往往要把劇場的燈熄滅，一片黑暗，以便使觀眾能夠聚精會神地聽演奏。李斯特坐在鋼琴面前，當燈一滅，就悄悄地讓蕭邦過來代替自己演奏。觀眾被美妙的鋼琴演奏征服了。演奏完畢，燈亮了。人們既為出現這位鋼琴演奏的新星而高興，又對李斯特推薦新秀深表欽佩。

第一次登陸月球的太空人，其實有兩位，除了大家所熟知的阿姆斯壯以外，還有一位是艾德林。當時，阿姆斯壯說的一句話「這是我個人的一小步，卻是全人類的一大步」，已經是全世界家喻戶曉的名言。

在慶祝登陸月球成功的記者會中，有一個記者突然問艾德林一個很特別的問題：「由阿姆斯壯先下去，成為登陸月球的第一個人，你會不會覺得有點遺憾？」

在全場有些尷尬的氣氛下，艾德林很有風度地回答：「各位，千萬不要忘記，回到地球時，我可是最先出太空艙的。」他環顧四周笑著說，「所以我是由別的星球來到地球的第一個人。」

大家在笑聲中，給予他最熱烈的掌聲。

成功不必在我，團隊的成功就是我的成功。你會不會欣賞他人的成就？你願意不願意從心裡給別人熱烈的掌聲？「成人之美」不僅是一種修養，更是一項美德。

真正的美德如河流，越深越無聲。不是每個人都能像艾德林以這樣的平常心來看待這個人人羨慕的光環。

成人之美是一種境界。有些人為了一生的輝煌而背負名利的重石，有些人視名利如草芥。如果有一顆寬容的心，就能一生坦蕩，生命結束的瞬間回首，人生軌跡清晰而平坦。

這些事都跟心理學有關

寬容的過程也是「互補」的過程。別人有此過失，如果可以予以正視，並且以適當的方法給予批評和幫助，就可以避免大錯。自己有過失，也不必灰心喪氣，一蹶不振，同樣也應該吸取教訓，引以為戒，取人之長，補己之短，重新揚起工作和生活的風帆。

焦慮的殺傷力

卡內基在他的書中，提到一個石油商人的故事：

我是石油公司的老闆，有些運貨員偷偷地扣下給客戶的油量而賣給他人，我卻毫不知情。有一天，來自政府的一個稽查員告訴我，他掌握我的員工販賣不法石油的證據，要檢舉我們。但是，如果我們賄賂他，給他一點錢，他就會放我們一馬。我非常不高興他的行為及態度。一方面，我覺得這是那些盜賣石油的員工的問題，與我無關。但是另一方面，法律又有規定「公司應該為員工行為負責」。此外，如果案子上了法庭，就會有媒體來炒作此新聞，名聲傳出去會毀了我們的生意。我焦慮極了，開始生病，三天三夜無法入睡，我到底應該怎麼做？給那個人錢，還是不理他，隨便他怎麼做？

我無法決定，每天擔心，於是我問自己：如果不付錢，最壞的後果是什麼？答案是：我的公司會垮，事業會被毀了，但是我不會被關起來。然後呢？我也許要找一個工作，其實也不壞。有些公司可能樂意雇用我，因為我很懂石油。至此，很有意思的是，我的焦慮開始減輕，然後我可以開始思考，我也開始想解決的辦法：除了上告或給他金錢之外，有沒有其他的方法？找律師，他可能有更好的點子。

第二天，我就去見了律師。當天晚上，我睡了一個好覺。隔了幾天，我的律師叫我去見地方檢察官，並且將整個情況告訴他。意外的事情發生了，當我講完後，那個檢察官說，我知道這件事，那個自稱政府稽查員的人是一個通緝犯。我心中的石頭落了下來，這次經驗使我永難忘懷。至此，每當我開始焦慮擔心的時候，我就用這個經驗來幫助自己跳出焦慮。

人之所以會焦慮會擔心會害怕，是因為在潛意識中我們都渴望過一種自由自在、無憂無慮的生活，我們在面對可能發生的事件（當然指的是消極的）或克服此事件產生的後果時缺乏信心，潛在的不自信使我們的思想、行為、情緒造成一種紊亂，肌肉不由自主地戰慄。在這種情況下，我們不僅注意力無法集中，情緒失控，而且記憶會嚴重喪失，這種情況若不改善，長期下來，會造成我們的消化不良、胃潰瘍、頭痛、免疫系統的減弱、失眠、呼吸不順暢、疲勞……

每個人都知道什麼是焦慮：在你面臨一次重要的考試以前，在你第一次和某位女孩約會之前，在你的老闆大發脾氣的時候，在你知道孩子罹患某種疾病的時候，你都會感到焦慮。焦慮不是壞事，焦慮往往能夠促使你鼓起力量，去應付即將發生的危機。焦慮是有進化意義的。

但是，如果你有太多的焦慮，以至於達到焦慮症，這種有進化意義的情緒就會產生相反的作用——它會妨礙你去應對、處理面前的危機，甚至妨礙你的日常生活。如果你罹患焦慮症，你可能在大多數時候，沒有什麼明確的原因就會感到焦慮；你會覺得你的焦慮是如此妨礙你的生活，事實上你什麼都做不了。

這些事都跟心理學有關

心理上長期處於焦慮狀態之中，就有可能導致生理和心理上的疾病。輕者包括疲勞、頭痛、背痛、胃灼熱、消化不良、下痢、失眠，甚至掉頭髮。重者可產生憂鬱症、高血壓、高膽固醇、免疫系統衰弱、癌症、陽痿、胰臟毛病、潰瘍等疾病。因此，我們一定要警惕焦慮的到來。

不要為明天而焦慮

撒哈拉沙漠裡有一種沙鼠，每當旱季到來之時，這種沙鼠都要囤積大量草根，遠遠超過自己食量，日日夜夜拼命工作運草根。

但是，這種沙鼠被養在籠子裡過著「豐衣足食」的生活，反而很快就會死去。醫生發現，這是因為沒有囤積到足夠草根的緣故。這是牠們頭腦中的一種潛意識決定的，沒有任何實際的威脅存在。確切地說，牠們是因為極度的焦慮而死亡，是來自一種自我心理的威脅。

這就像是我們現代人的生活。在現實生活裡，經常讓人們深感不安的事情，不是眼前的事情，而是那些所謂的「明天」和「後天」，那些還沒有到來，或永遠也不會到來的事情。

我們無論如何不能活得像沙鼠，不能為明天而焦慮，甚至為明天而死去。檢討人的一生，有很多擔心都是沒有必要的、多餘的。人世無常，誰也說不準明天的事情。我們為什麼要為明天而活得如此不快和勞累？多看看沙鼠，也許對我們是一種意外的提醒。

沙鼠缺乏的正是順其自然、隨遇而安的生活，而我們畢竟不是沙鼠。在現實生活中，很多人活得過於沉重。他們整天考慮自己應該怎樣表現，怎樣才能討好這個又不得罪那個，算計來算計去，無休止地耗費自己的時間。

我們不應該一有挫折就怨天尤人，跟自己過不去。凡事固然講求操之在己，但是在沒有主控權的事上，我們不妨放慢自己的腳步，一邊前進一邊欣賞沿途的風景。

一門心思地只想快速前進，不僅會損傷自己的身體，給自己更多的心理壓力，更有可能使自己失去更多，就像以下故事中的小海馬。

有一天，小海馬做了一個夢，夢見自己擁有七座金山。

從美夢中醒來，小海馬覺得這個夢是一個神秘的啟示：牠現在全部的財富是七個金幣，但是總有一天，這七個金幣會變成七座金山。

於是，牠毅然決然地離開自己的家，帶著僅有的七個金幣，去尋找夢中的七座金山，雖然牠不知道七座金山到底在哪裡。

海馬是豎著身子游動的，游得很緩慢。牠在大海裡艱難地游動，心裡一直在想：也許那七座金山會突然出現在眼前。

然而，金山沒有出現。

出現在眼前的是一條鰻魚。鰻魚問：「海馬兄弟，看你匆匆忙忙的，你幹什麼去？」海馬驕傲地說：「我去尋找屬於我自己的七座金山。只是……我游得太慢了。」

「你真是太幸運了。對於如何提高你的速度，我有一個完整的解決方案。」鰻魚說，「只要你給我四個金幣，我就給你一個鰭，有了這個鰭，你游起來就會快得多。」

海馬戴上用四個金幣換來的鰭，發現自己游動的速度果然提高一倍。海馬歡快地游著，心裡想，也許金山立刻就會出現在眼前。

然而，金山沒有出現，出現在海馬眼前的，是一個水母。

水母問：「小海馬，看你急匆匆的樣子，你想到哪裡去？」

海馬驕傲地說：「我去尋找屬於我自己的七座金山。只是……我游得太慢了。」

「你真是太幸運了。對於如何提高你的速度，我有一個完善的解決方案。」水母說，「你看，這是一個噴汽式快速滑行艇，你只要給我三個金幣，我就把它給你。它可以在大海上飛快地行駛，你想到哪裡就能到哪裡。」

海馬用剩下的三個金幣買下這個小艇。牠發現，這個神奇的小艇使牠的速度一下子提高五倍。牠想，用不了多久，金山立刻就會出現在眼前。

然而，金山還是沒有出現，出現在海馬眼前的，是一條大鯊魚。大鯊魚對牠說：「你太幸運了。對於如何提高你的速度，我有一套徹底的解決方案。我本身就是一條在大海裡飛快行駛的大船，你要搭乘我這艘大船，就會節省大量的時間。」大鯊魚說完，就張開了大嘴。

「太好了。謝謝你，鯊魚先生！」小海馬一邊說一邊鑽進鯊魚的口裡，向鯊魚的肚子深處愉快地游去……

這些事都跟心理學有關

人不能成為工作和金錢的奴隸，而應該學會享用金錢，以及工作帶來的樂趣。如果你被緊張的工作壓得喘不過氣，最好立即把工作放下，輕鬆休息一下，可能會有意想不到的收穫。

向自己挑戰

美國職業足球教練文斯・倫巴迪曾經被人批評為「對足球只懂皮毛，缺乏鬥志」。貝多芬學習拉小提琴時，技術不高明，他寧可拉他自己作的曲子，也不肯做技巧上的改善，他的老師說他絕對不是一個當作曲家的料。

達爾文當年決定放棄行醫時，遭到父親的斥責：「你放著正經事不做，整天只管打獵、捉狗、捉老鼠。」此外，達爾文在自傳中透露：「小時候，所有老師和長輩都認為我資質平庸，與聰明是沾不上邊的。」

愛因斯坦四歲才會說話，七歲才會認字；老師給他的評語是：「反應遲鈍，不合群，滿腦袋不切實際的幻想。」他曾遭到退學的命運。

羅丹的父親曾經怨嘆自己有一個白癡兒子，在眾人眼中，他曾經是一個前途無「亮」的學生；藝術學院考了三次還考不進去。他的叔叔曾絕望地說：「孺子不可教也。」

托爾斯泰讀大學時因為成績太差而被勸退學。老師認為他：「既沒有讀書的頭腦，又缺乏學習的興趣。」

……

這些都是我們熟悉的名人，他們的共同點是：當別人瞧不起自己時，不是以怯懦示人，而是勇敢地面對，並且挑戰自己。

有人問英國戲劇大師蕭伯納：「為什麼你講話那麼有吸引力？」蕭伯納答道：「試出來的，就像學滑冰一樣，開始時，笨頭笨腦，像個大傻瓜，後來試的次數多了，就熟練了。」蕭伯納年輕時，膽子很小，不敢大聲講話，更不敢在公開場合發言，每當要敲別人的門時，至少要在門外徘徊二十分鐘，才硬著頭皮去冒那個險。他說：「很少有人像我那樣深受害羞和膽怯之苦。」後來，他下決心要變弱為強，從試一試開始，於是參加辯論協會，出席倫敦各種公開討論會，逮住機會就發言，終於跨越自己的無形障礙，成為二十世紀最有自信和最傑出的演講者之一。

很多時候，成功就像攀爬鐵索，失敗的原因不是智商的低下，也不是力量的單薄，而是威懾於自己的無形障礙，被鐵索周圍的外在現象嚇破了膽。如果我們敢於做自己害怕的事，害怕就必然消失。

一個人遇上害怕的事，只要勇敢地向自己挑戰，就會覺得沒有什麼，也沒有你原先想像的那麼可怕。每當你發現自己總是在迴避你害怕做的事時，你還可以問問自己：「如果我真的去試一試這些怕做的事，最壞的結果會是怎樣？」最壞的結果，絕對不會比你想像的更可怕。

這些事都跟心理學有關

真正成功的人生，不是在於成就的大小，而是在於你是否努力地去實現自我，喊出屬於自己的聲音，走出屬於自己的道路。

行動，行動，再行動

美國的克萊門特・史東在童年時代是一個窮人的孩子，他與母親相依為命。在小史東十多歲時，為保險公司推銷保險成為母子倆的職業。史東始終清醒地記得他第一次推銷保險時的情形——他的母親指導他去一棟大樓，從頭到尾向他交代一遍。

他站在那棟大樓外的人行道上，一面發抖，一面默默念著自己信奉的座右銘：「如果你做了，沒有損失，還可能有收穫，就立刻去做。」「立刻就做！」

於是，他做了。

他走進大樓，他很害怕會被踢出來。

但是他沒有被踢出來，每一間辦公室，他都去了。他腦海裡一直想著那句話：「立刻就做！」走出一間辦公室，更擔心到下一間會碰到釘子。然而，他還是毫不猶豫地強迫自己走進下一間辦公室。

這次推銷成功，他找到一個秘訣，那就是：立刻衝進下一間辦公室，這樣才沒有時間感到害怕而猶豫。

那天，只有兩個人向他買保險。以推銷數量來說，他是失敗的，但在瞭解自己和推銷術方面，他的收穫是不小的。

第二天，他賣出四份保險。第三天，六份。他的事業開始了。

怯懦，是窮人的勁敵，少一分怯懦，就會多一分前程。消除怯懦的唯一辦法，就是行動、行動、再行動。

當你遇上害怕做的事情時，你應該怎麼辦？

有時候，我們不敢學外語、不敢學小提琴、不敢下水學游泳、不敢在課堂上提問、不敢上台演講，明知這件事不對也不敢說個「不」字。這些不敢，其實都是我們自己給自己設下的無形障礙！正是這種無中生有的無形障礙，使我們裹足不前，錯過許多我們本來應該去做，而且能夠做好的事。

我們也許都有這樣的體會，小時候剛學會走路，一次又一次地跌倒，但一次又一次地爬起來，最終學會走路。可是逐漸長大了，堅持不懈的精神受到外界的影響，經常認為別人對自己的評價比自己對自己的評價更為重要。如果做錯點事，父母老師或親朋好友會勸告說：「做事要謹慎小心。」「不要做沒把握的事情。」「你沒這個金剛鑽，就別攬那個瓷器活！」這些人雖然出於好心，但是你如果相信這些話，你的大腦就會發出一種下意識的命令，阻止你去碰眼前的這些事。

只要我們敢於行動，我們都可以像下面故事中的新兵一樣戰勝怯懦。

直升機在高空中盤旋，一群士兵背著跳傘的裝備，站在機艙門口，準備進行他們的第一次跳傘。

從高空中向下看，所有景物似乎都小得不能再小，樹木像一根針一樣細小，海中的小島也只有石頭般大而已。

從空中跳下去，命運全部只維繫在降落傘上的一根繩索上，稍有不慎，人就會像一顆從高處落下的西瓜一樣，腦袋開花。這群新兵想到這一點，不由得閉上眼睛，不敢再往下想。

氣氛有些沉重，每個人連一句話都不敢多講。不久之後，班長用手向站在最前面的新兵示意跳傘的動作，但是他遲遲沒有反應。看著這位新兵臉上緊張的神情，班長貼著他的耳朵，大聲喊著：「你怕嗎？」

這位新兵遲疑片刻，看著這一雙緊盯著他的眼睛，想到這也許是自己這一生看到的最後一個畫面，於是他老實地點點頭，小聲地說：「我很害怕。」

「偷偷告訴你，我也很害怕。」班長接著說，「但是，我們一定能完成這次跳傘任務，不是嗎？」

聽了這句話，新兵的心情豁然開朗，原來連班長也會感到害怕，每個人都會害怕，自己又何必為此而羞愧？

新兵深吸一口氣，從高空一躍而下，順利地完成首次跳傘的任務。他和隊友乘著風，緩緩地降落在地面上，成為一名不折不扣的傘兵。

許多年以後，新兵變成老兵，每當率領新兵跳傘，老兵也不忘在機艙口問一句：「你怕嗎？」

然後，他會用堅定的語氣告訴新兵：「我也怕，但是我們一定做得到。」

這些事都跟心理學有關

害怕是人的正常情緒，壓抑自己的害怕只會令你更加手足無措；你可以怕，但是不能輸給眼前的敵人。

你還在墨守成規嗎？

戰國時期，楚國為了攻打宋國，叫著名工匠公輸班製造攻城的雲梯。主張「兼愛」、反對戰爭的墨翟聽說此事後，走了十天十夜來見楚王，勸他不要出兵。楚王卻以公輸班已造好雲梯，攻城一定會勝利為由，不聽墨翟的勸告。於是，墨翟設計簡單的模型，讓公輸班來攻。公輸班用各種方法連攻九次都被墨翟防禦住了。楚王見此情形，取消攻打宋國的計畫。

由於墨翟善於守城，人們稱之為「墨守」，後來演化為「墨守成規」，意義也改變了，用來形容思想保守，只按照現成的規矩辦事，不肯改進。

在英國，有些公職採用世襲制，因此經常在一些人事安排工作上出現墨守成規的情況，有些甚至很荒唐：

在通往英國下議院入口處的一個扶梯旁邊，總是有一位服務生站立著。據說，他站在那裡至少也有二十年以上的歷史。可是，人們卻不知道他的工作到底是什麼？後來，經過一些好事者尋根探源，才發現之所以設立這個職位，是由於當扶梯剛油漆一新時，需要有一個人在扶梯旁招呼大家不要從這裡走上去。時間是從目前這個服務生的祖父時代開始的，傳到他已經屬第三代了。

生活中，這麼荒唐可笑的事情不多，但是很多人都有各種各樣的思維定式，他們用框架圈住自己的頭腦，不肯創新。人們如果形成習慣的思維定式，就會習慣地依循定式的思維思考問題，不願也不會轉方向或是換角度想問題，這是很多人的一種愚頑的「難治之症」。

任何事不是一成不變的，用變的眼光去把握一切，你才會獲得新生！

傳說西元前二二三年冬天，馬其頓亞歷山大大帝進兵亞細亞。當他到達亞細亞的佛里幾亞城，聽說城裡有一個著名的預言：

幾百年前，佛里幾亞的戈耳狄俄斯在其牛車上繫了一個複雜的繩結，並且宣告誰能解開它，誰就會成為亞細亞王。自此以後，每年都有很多人來看戈耳狄俄斯打的結子。各國的武士和王子都來試解這個結，但總是連繩頭都找不到，他們甚至不知從何處著手。

亞歷山大對這個預言非常感興趣，命人帶他去看這個神秘之結。幸好，這個結還完好地保存在朱庇特神廟裡。

亞歷山大仔細觀察這個結，許久許久，始終連繩頭都找不到。

這時，他突然想到：「為什麼不用自己的行動規則來打開這個繩結！」於是，他拔出劍來，一劍把繩結劈成兩半，這個保留數百年的難解之結，就這樣輕易地被解開了。

立刻行動、一心趨向目標、不墨守成規、遵從自己的行動規則和做事的風格，註定會取得理想成績。人生不能一味地按照某種教條度過，人生需要變革，變革才是成功的泉源，創新才是生命前進的動力。

在生活的旅途中，我們總是經年累月地按照一種既定的模式運行，從未嘗試走別的路，這就容易衍生出消極厭世、疲遝乏味之感。所以，不換思路，生活也就乏味。

這些事都跟心理學有關

可能在你的頭腦裡，有許多清規戒律，諸如「絕對不允許……」、「千萬不要……」之類的規矩，這些清規戒律都是社會教給你的，對於維護社會秩序是完全必要的，但是有時候，你不妨衝擊它們一下，如果不便於在行動上，至少在內心衝擊一下，體驗體驗「破壞者」的滋味，為以後的創新思維做些鋪墊。

突破定式思維

中國古代有一句話：「江山易改，本性難移。」古人以服從為美德，而今人在嶄新的創新當中，仍然含有古人腦中之極舊成分。

在自然經濟條件下，千百年來的農業呈現一種簡單循環的模式，春耕、夏耘、秋收、冬藏，年復一年，周而復始，基本上是簡單的再生產。這種世世代代循環反覆的生產活動，必然導致生活方式也是簡單的重複和循環，人們的思想認識由此也帶上因循守舊、墨守成規的色彩。

古代中國之所以發展緩慢，就是「道統」二字留在人們腦中，排也排不動，割也割不掉。淳樸的中國人民早已習慣傳統的思想觀念，不會創新，也不願創新。

很多人走不出定式思維，所以他們走不出宿命般的可悲結局；如果走出定式思維方式，也許可以看到許多別樣的人生風景，甚至可以創造新的奇蹟。

航海家哥倫布發現美洲後回到英國，女王為他擺宴慶功。酒席上，許多王公大臣、名流紳士都瞧不起這個沒有爵位的人，紛紛出言相諷。

「沒有什麼了不起，我出去航海，一樣會發現新大陸。」「駕駛帆船，只要朝一個方向航行，就會有重大的發現！」「太容易了！女王不應該給他這樣的獎賞。」

這時，哥倫布從桌上拿起一個雞蛋，笑著問大家：「各位尊貴的先生，哪位能使這個雞蛋立起來？」於是一些自以為能力超群的人物紛紛開始立那個雞蛋，但是左立右立，站著立坐著立，想盡了辦法，也立不住橢圓形的雞蛋。

「我們立不起來，你也一定立不起來！」大家把目光盯住哥倫布。

哥倫布拿起雞蛋，「砰」的一聲往桌上磕一下，蛋殼破了，雞蛋牢牢地立在桌子上。

眾人嚷道：「這誰不會呀！這太簡單了！」哥倫布微笑著說：「是的，這很簡單，但在這之前，你們為什麼想不到？」

哥倫布因為敢於突破思維定式而發現新大陸，我們還要繼續生活在框架裡嗎？

在現實的生活中，我們存在於社會裡，自然而然地形成各種習慣，物質的和思維的。思維的習慣，往往束縛思維的發散，看問題僅限於習慣的角度，理所當然地認為是這樣會那樣，引導自己進入錯誤的觀念，出現各種「不可能」。

人以習慣生活，但是我們千萬不能讓習慣束縛我們的思想。

父子倆住在山上，每天都要趕牛車下山賣柴。老父較有經驗可是眼睛不好，耳朵也有點背，坐鎮駕車，山路崎嶇，彎道特多，兒子眼神較好，總是在要轉彎時大聲提醒道：「爹，轉彎啦！」

有一次父親因病沒有下山，兒子一人駕車。到了彎道，牛怎麼也不肯轉彎，兒子用盡各種方法，下車又推又拉，用青草誘之，牛一動不動。

到底是怎麼回事？兒子百思不得其解。最後只有一個辦法，他左右看看無人，貼近牛的耳朵大聲叫道：「爹，轉彎啦！」

牛應聲而動。

這些事都跟心理學有關

嘗試突破吧！從舞劍可以悟到書法之道，從飛鳥可以造出飛機，從蝙蝠可以聯想到電波，從蘋果落地可悟出萬有引力……因此，常爬山的應該去涉水，常跳高的應該去打球，常划船的應該去駕車，常當官的應該去當平民。換一個位置，換一個角度，換一個思路，也許我們面前是一番新的天地。

獲得財富的關鍵

故事一：

美國南北戰爭時期，伊萊・惠特曼與北方政府簽定兩年內提供一萬支來福槍的合約。當時造槍工藝十分落後，每個工人先是手工製作全部零件，再裝配成槍枝。由於效率極低，第一年僅生產出五百支槍。

為此，伊萊・惠特曼急得像熱鍋上的螞蟻一樣，天天徹夜難眠。有一天，他猛然想到，既然每支槍和每支槍上的零件都是一樣的，為何非得一個人造一支槍，而不是製造一個零件，然後再由專人組裝成一支槍？他立即將自己的想法付諸實施，將他的兵工廠改為流水作業生產，即把整個造槍工作簡化為若干工序，讓每一組成員只負責一道工序。

結果，效率和品質大幅度提高，生產成本急劇下降，伊萊・惠特曼不僅如期完成合約，而且因首創標準化互換原則，促進美國工業乃至世界工業的迅速發展，被譽為「標準化之父」。

當你遇到難題的時候，請不要陷在定式思維的泥沼中浪費時間和精力，不妨換一個角度，換一個立場來看待問題，也許你會得到意想不到的答案，進而減少你的工作時間，進而提升你的工作效率。

故事二：

有一家牙膏廠，產品優良，包裝精美，讓人喜愛，營業額連續十年遞增，每年的增長率在一〇％到二〇％。可是到了第十一年，企業業績停滯下來，以後二年也如此。公司經理召開高級會議，商討對策。

會議中，公司總裁許諾說：「誰能想出解決問題的辦法，讓公司的業績增長，重獎十萬元。」有一位年輕經理站起來，遞給總裁一張紙條，總裁看完後，立刻簽了一張十萬元的支票給這位經理。

那張紙條上寫的是：將現在牙膏開口擴大一公釐。消費者每天早晨擠出同樣長度的牙膏，開口擴大一公釐，每個消費者就多用一公釐的牙膏，每天的消費量將多出多少！公司立即更改包裝。第十四年，公司的營業額增長三二％。

在思考模式上突破傳統思想的框框，不因循守舊，不墨守成規。只有這樣，你的思維才會特別活躍，你的才智才會充分發揮，才有可能發現許多賺錢的機會，獲得許多致富的途徑。

故事三：

倫敦的一條大街上，同時住著三個不錯的裁縫。可是，因為離得太近，所以生意上的競爭非常激烈。為了能夠壓倒別人，吸引更多的顧客。裁縫們紛紛在門口的招牌上做文章。

一天，一個裁縫在門前的招牌上寫道：「倫敦城裡最好的裁縫。」結果吸引許多顧客光臨。

看到這種情況以後，另一個裁縫也不甘示弱。第二天，他在門口就掛出「全英國最好的裁縫」的招牌。結果同樣招攬不少顧客。

第三個裁縫非常苦惱，前兩個裁縫掛出的招牌吸引大部分的顧客。如果不能想出一個更好的辦法，很可能就要成為「生意最差的裁縫」。但是，什麼詞可以超過「全倫敦和全國」？如果掛出「全世界最好的裁縫」的招牌，會讓別人感覺到虛假，也會遭到同行的譏諷。到底應該怎麼辦？正當他愁眉不展的時候，兒子放學回來了。他知道父親煩惱的原因以後，告訴父親也許可以在他們的招牌上寫上這樣幾個字。

第三天，其他兩個裁縫站在街道上等著看另一個同行的笑話。但是事情似乎超出他們的意料。因為，很快，第三個裁縫的門前掛出一個更加吸引人的招牌，上面寫道「本街道最好的裁縫」。

結果可想而知，第三個裁縫的生意最興隆。

很多時候，獲得財富往往需要藉助於不合常規的思維方式。在上面的故事中，面對其他人提出的全城和全國的大氣，裁縫的兒子卻利用街道的「小」來做文章，並且最終取得競爭的勝利。因為在全城市或者全國，他們不一定是最好的，但在街道的這個特定區域裡，只有他們是最好的，也是唯一的。

故事四：

多年以前，豐田公司發現，世界上有許多人想購買賓士車，但由於定價太高而無法實現。於是，豐田公司的工程師放手開發凌志汽車。豐田公司在美國宣傳凌志時，將其圖片和賓士並列在一起，用大標題寫道：用三萬六千美元就可以買到價值七萬三千美元的汽車，這在歷史上還是第一次。經銷商列出潛在的顧客名單，並送給他們精美的禮盒，內裝展現凌志汽車性能的錄影帶。錄影帶中有這樣一段內容：一位工程師分別將一杯水放在賓士和凌志的引擎蓋上，當汽車發動時，賓士車上的水晃動起來，而凌志車上的水卻沒有動，這說明凌志引擎行駛時更平穩。面對這個突如其來的挑戰，賓士公司不得不重新考慮定價策略。

但出人意料的是，賓士公司沒有採取跟隨降價的辦法，而是相反，提高自己的價格。對此，賓士公司的解釋只有一句話：賓士是富裕家庭的車，和凌志不在同一檔次。賓士公司認為，如果降價，就等於承認自己定價過高，雖然一時可以爭取到一定的市場佔有率，但失去市場忠誠度，消費者會轉向定價更低的公司；如果保持價格不變，其銷售額也會不斷下降。只有提高價格，增加更多的保證和服務，例如免費維修六年，才可以鞏固賓士原有的地位。就這樣，賓士公司不是跟隨和盲從，而是以超常思維和手段，化被動為主動，擺脫來自凌志的挑戰。

當我們面對難以打開的局面時，只有突破定式、打破常規，以超常思維來解決新問題，才能使企業不斷獲得新的突破。

故事五：

第二次世界大戰的硝煙剛散盡時，以美英法為首的戰勝國們幾經磋商後決定在美國紐約成立一個協調處理世界事務的聯合國。一切準備就緒之後，大家驀然發現，這個全球至高無上、最權威的世界性組織，竟找不到自己的立足之地。

買一塊地皮吧，剛成立的聯合國機構還身無分文。讓世界各國籌資吧，牌子剛掛起，就要向世界各國要錢，負面影響太大。況且，剛經歷第二次世界大戰的浩劫，各國政府都財庫空虛，甚至許多國家都是財政赤字居高不下，在寸金寸土的紐約籌資買下一塊地皮，不是一件容易的事情，聯合國對此一籌莫展。

聽到這個消息後，美國著名的家族財團洛克菲勒家族商議以後，立刻果斷出資八百七十萬美元，在紐約買下一塊地皮，將這塊地皮無條件地贈予這個剛掛牌的國際性組織——聯合國。

同時，洛克菲勒家族亦將毗鄰這塊地皮的大面積地皮全部買下。

對洛克菲勒家族的這個出人意料之舉，當時許多美國大財團都吃驚不已，八百七十萬美元，對於戰後經濟萎靡的美國和全世界，都是一筆不小的數目呀，而洛克菲勒家族卻將它拱手贈出，並且什麼條件也沒有。這條消息傳出後，美國許多財團主和地產商都紛紛嘲笑說：「這簡直是蠢人之舉。」並且紛紛斷言：「這樣經營不要十年，著名的洛克菲勒家族財團，就會淪落為著名的洛克菲勒家族貧民集團。」

但出人意料的是，聯合國大樓剛建成完工，毗鄰它四周的地價立刻飆升起來，相當於捐贈款數十倍、近百倍的巨額財富源源不盡地湧進洛克菲勒家族財團。這種結局，令那些曾經譏諷和嘲笑過洛克菲勒家族之舉的財團和商人們目瞪口呆。

這些事都跟心理學有關

面對瞬息萬變的市場環境，只有敢於挑戰規則，打破常規，才能有所作為，擺脫危機，使企業立於不敗之地，獲得商機無限。

第3章

讓自己活在陽光下

十九世紀最偉大的發現

一八三二年，當時他失業了，傷心之下，他決心要當政治家，當州議員，糟糕的是，他競選失敗了。這對他來說，是苦上加苦。於是，他著手自己開辦企業，可是不到一年，這家企業又倒閉了。在以後的十七年間，他不得不為償還企業倒閉時所欠的債務而到處奔波，歷盡磨難。他再一次決定參加競選州議員，這次他成功了。他內心萌發一絲希望，認為自己的生活有轉機：「我可以成功了！」

第二年，他訂婚了，但離結婚還差幾個月時，未婚妻不幸去世。這對他精神上的打擊實在太大了，他心力交瘁，數月臥床不起，得了神經衰弱症。一八三八年，他覺得身體狀況好一些了，於是決定競選州議會議長，結果失敗了。一八四三年再次參加競選國會議員，又一次失敗。

要是你處在這種情況下會不會放棄努力？但是他沒有放棄，他也沒有說：「要是失敗會怎樣？」一八四六年，他又一次參加競選國會議員，終於當選了。

兩年任期很快過去了，他決定要爭取連任。他認為自己表現是出色的，相信選民會繼續選舉他。但結果很遺憾，他落選了，而且還賠了很大一筆錢，他只能申請當本州的土地官員，但是州政府卻把他的申請退回，上面指出：「做本州的土地官員要求有卓越的才能和超常的智力，你的申請未能滿足這些要求。」

然而，他沒有服輸，接著又是三次的失敗。

這個在九次失敗的基礎上贏得兩次成功的人正是亞伯拉罕・林肯，他一直沒有放棄自己的追求。他一直在做自己生活的主宰。一八六〇年，他當選為美國總統。

亞伯拉罕・林肯遇到過的敵人，你我都曾經遇到。他面對困難，沒有退卻、沒有逃跑，他堅持著、奮鬥著。他根本沒想過要放棄努力，他不願放棄，就像你我一樣，林肯也有自由選擇權。他可以畏縮不前，但是他沒有退卻。他堅持下來，一直沒有放棄成功的努力，在失敗面前不斷地去嘗試，最後獲得偉大的成功。如果你能像他一樣，從今天開始，讓今天成為你做自己生活主宰的第一天吧！因為，現在一點也不遲！

也許你覺得林肯是天才，他屢敗屢戰的自信不是一般人能比的。自信，即相信自己的能力，只有充滿自信，才能把握住每次機會。試想，若把機會擺在面前，你卻猶豫地問自己：「我可以嗎？」待你做出決定的時候，機會早已棄你而去。可見弱者等待機會，強者創造機會，一個連自己都不相信的人，又豈能受到幸運之神的信賴，而放心地把可貴的良機賜於你？一個人若沒有自信，別說成為強者，就連到達「成為強者」的這條彼岸的路都找不到啊！

自古以來，「輸」被人們認為是恥辱，讓人抬不起頭來。然而，在人生的戰場上，又有幾個人是常勝將軍？俗話說：不以成敗論英雄。成功了，面對掌聲如潮，瀟灑地向觀眾揮揮手；失敗了，掏出手帕，控制住自己，破涕為笑，同樣向勝利者握手祝賀，並向下次的勝利努力奮鬥。這就是自信，而且這種自信預示你將會成為強者。強與弱的區別不是在於成敗，而是在於如何面對輸。輸了，不能精神不振，不能甘心示弱，要把心態重新調整到挑戰者的姿態，重新找回挑戰者的力量和風采。

這些事都跟心理學有關

十九世紀，美國心理學家和哲學家威廉　詹姆斯說過，他那個時代最偉大的發現就是，人類可以簡單地藉由改變他們的心理狀態，來改變他們的命運。這一點是千真萬確的！不管你希望生命是什麼樣子，健康、快樂或擁有愛情，或者成為一個億萬富翁，你第一件必須做的事情就是，去檢驗你的態度和信念。

讓內心充滿自信的陽光

二十世紀最偉大的企業家——克萊門特‧史東認為：「無論腦中想的是什麼，相信的是什麼，它一定可以被得到！」

你也許見過這種表演：一個催眠師從觀眾裡選出幾個人來做催眠。這個催眠師要其中一個觀眾在桌子上躺下，他催眠這個人，然後告訴他，現在他的身體堅硬得如同一塊鋼板，他搬出兩張椅子，分別放在這個觀眾的頭和腳部，以支撐他的身體。然後他把桌子移開，這個觀眾的身體僅由兩張椅子支撐頭腳，卻竟然能保持平躺在桌上的姿勢，他的身體真的如同鋼板一樣堅硬。這是為什麼？因為他相信。之後，在同一個表演裡，其他人也被催眠了。這一次，催眠師告訴他們，他們無法拿起放在桌上的自來水筆，他告訴他們這個自來水筆比兩噸重卡車還要重，無論如何都不可能拿得起來。催眠師說，無論如何試試看，但是這枝筆是動不了的。他們一個一個去拿這枝筆，我特別記得其中一個人，長得高大魁梧，活像個健美先生。當他試著要去拿起這枝筆的時候，他的臉漲得通紅，額頭冒出一粒粒的汗水，手臂的肌肉緊緊地鼓起來……可是，他還是無法把筆拿起來！原因不是在於他沒有能力拿起一枝筆，即使一個小孩也有力量可以拿起一枝筆，而是他「不相信」自己有能力拿起筆來。所以，你有什麼能力不重要，重要的是，你相信自己有能力！

自信會使人創造奇蹟，它是使你走向成功的第一要素，拿破崙曾經宣稱：「在我的人生字典裡，沒有『不可能』三個字。」這是何等豪邁的自信！正是因為有這份自信，才激起他無比的智慧和巨大的潛力，成為歷史上赫赫有名的一代將領。

如果我們對某個人或某件事寄予越大的期望並付出努力，我們就越有可能得到我們期待的結果。在醫學上還有一個實驗，一百個得了同樣疾病的人，如果給他們同一種包著糖的膠囊，然後告訴他們說這是可以治病的特效藥，有四〇%的病人會痊癒，只因為他們相信這種藥可以治癒他們的疾病。類似的情形，如果病人被宣告得了不治之症，他們的情況通常很快地就惡化下去，因為他們真的相信自己沒救了。

我們都會受暗示的影響。如果教師或其他什麼人斷定說我們不會有出息，我們往往就相信了，而且經常是自此以後就不再去為成功而努力。由於我們曾經有過一兩次失敗，我們也常會相信自我給予的消極暗示。

就像那隻無法跳出玻璃杯的跳蚤。

有人曾經做過一個實驗：他往一個玻璃杯放進一隻跳蚤，發現跳蚤立即跳出來。再重複幾遍，結果還是一樣。根據測試，跳蚤跳的高度一般可達牠身體的四百倍左右，所以說跳蚤可稱得上是動物界的跳高冠軍。

接下來，實驗者再次把這隻跳蚤放進杯子裡，這次是立即同時在杯上加一個玻璃蓋，「砰」的一聲，跳蚤重重地撞在玻璃蓋上。跳蚤十分困惑，但是牠不會停下來，因為跳蚤的生活方式就是「跳」，一次次被撞，跳蚤開始變得聰明，牠開始根據蓋子的高度來調整自己所跳的高度。再一陣子以後，發現跳蚤再也沒有撞擊到這個蓋子，而是在蓋子下面自由地跳動。一個小時以後，實驗者開始把這個蓋子輕輕拿掉，跳蚤不知道蓋子已經去掉了，牠還是在原來的這個高度繼續跳；三個小時以後，她發現這隻跳蚤還在那裡跳。一天以後發現，這隻可憐的跳蚤還在這個玻璃杯裡不停地跳著——其實，牠已經可以跳出這個玻璃杯。

這些事都跟心理學有關

也許現在你幾乎一無所有，飽受人生的各種不如意，以致懷疑自己生存的目的和價值，這不要緊，我知道你渴求心靈的滿足，但它遲遲也沒有來到你的身邊，這不是表示它不來了，也不要認為你在與它擦肩而過時失去它，因為事實上，它只是因為風雨而耽擱路程，它又何嘗不想早點看到你？所以，自信起來吧，在機會與成功走近你身邊時，做好迎接它的準備，張開你的懷抱，帶上你的笑容，叩響命運的大門，因為上帝的延遲絕非上帝的拒絕！

每天都是全新的開始

強尼・凱許從小經常下田工作，高中畢業以後，他參軍離開家鄉。有一次，在一家商店裡，他買到自己有生以來的第一把吉他。因為當他在家從父親買的收音機裡第一次聽到音樂時就產生這樣的夢想：他想當個歌手。

他開始自學彈吉他，並且練習唱歌，甚至自己創作一些歌曲。服役期滿以後，他開始努力工作以實現當一名歌手的夙願，雖然他無法立刻成功，但是他仍然對自己堅信不疑。沒有人請他唱歌，就連電台唱片音樂節目廣播員的職位也沒有得到。他只好挨家挨戶推銷各種生活用品維持生計，但他還是堅持練唱。最後，他終於灌製出一張極為成功的唱片，吸引兩萬名以上的歌迷，金錢、榮譽、在全國電視螢幕上露面——所有這一切都屬於他。

然而，經過幾年的巡迴演出，他被那些狂熱的歌迷拖垮，晚上必須服安眠藥才能入睡，而且還要吃「興奮劑」來維持第二天的精神狀態。他開始沾染上酗酒和吸毒的惡習，以致對自己失去控制能力。這使他逐漸失去觀眾，也不再獲獎。他不是出現在舞台上而是更多地出現在監獄裡。

一天早晨，當他從喬治亞州的一所監獄刑滿出獄時，一位行政司法長官對他說：「強尼・凱許，我今天要把你的錢和麻醉藥都還給你，因為你比別人更明白你能充分自由地選擇自己想做的事。看，這就是你的錢和藥片，你現在就把這些藥片扔掉吧，否則你就去麻醉自己，毀滅自己，你選擇吧！」凱許選擇生活。他又一次對自己的能力做出肯定，深信自己能再次成功。他找到他的私人醫生。醫生不太相信他，認為他很難改掉吃麻醉藥的壞毛病，醫生告訴他：「戒毒癮比找上帝還難。」

凱許開始他的第二次奮鬥，他一心一意要根絕毒癮，為此他把自己鎖在臥室閉門不出，忍受巨大的痛苦，經常做噩夢。擺在他面前的，一邊是麻醉藥的引誘，另一邊是他奮鬥目標的召喚，結果他的信念佔上風。九個星期以後，他又恢復到原來的樣子，並重返舞台，再次引吭高歌，終於又一次成為超級歌星。

你也能和強尼·凱許一樣獲得成功！而今天就是全新的開始。不要讓昨天發生的事情或者昨天別人對你說的話影響你今天的行動。因為，你今天的命運和明天的未來，只掌握在你自己手裡！一個人獲得成就最重要的因素，當然不能只是運氣，因為運氣不可能永遠都很好；也不是背景，比爾·蓋茲、傑克·威爾許、李嘉誠都沒有什麼背景；不是機會，再倒楣的人這輩子也會有幾次機會；不是能力，否則受過高等教育的無能者就不會那麼多；不是貴人相助，像阿斗這樣的人靠扶是扶不起來的；不是命中註定，通常人們出生時的區別只有男和女，但死的時候卻是不盡相同。

究竟是什麼？兩個字：自信！相信自己是最棒的。信念，拆開來看，就是「人言今心」，只有你把自己內心潛在的想法說出來，用它來指導你的行動，堅定你人生的路程，你就一定會成為最棒的那個人！

法國教育家盧梭曾經說：「自信心對於事業簡直是一種奇蹟，有了它，你的才幹可以取之不盡，用之不竭；一個沒有自信的人，無論他有多大的才能，也不會抓住一個機會。」

自信源於成功的暗示，恐懼源於失敗的暗示。人積極的暗示如果形成，就像風帆會助你成功；相反的，消極的心理暗示如果形成，又不能及時消除，就會影響一生的成功。

這些事都跟心理學有關

一個喪失信心的人，連自己的成功也會懷疑，慢慢就會喪失所有的生活意義。有積極的心態和控制自我的能力，就有戰勝一切困難取得成功的信心。信心就是因為自己有信仰進而被這個世界所信任，別人的信任又會促使你對自己更加堅信不疑。有信心，我們雖然沒有否定世界的可疑，但是這使我們的行動更具有可能性，進而減少事情的難度，一下子就能切中要害，找到目標。

不到最後關頭，絕對不要放棄

一個很窮的聰明人去一個很愚蠢的富人那裡打工，富人問這個聰明人每個月多少工錢，聰明人說第一天只要一分錢，第二天二分錢，第三天四分錢，第四天八分錢，依此類推，一個月結一次帳。

富人一聽高興極了：這個傢伙是一個笨蛋，一個月才要這麼一點錢，於是立刻答應。

這個故事其實是源於一個外國的古代故事：一個發明一種玩具的大臣向國王索要獎勵，最後國王沒有辦法給這個大臣如此多的錢。

同樣，這位愚蠢的富人也無法給那個聰明人如此多的錢：如果這個月是二十八天，就是一百三十萬元；如果這個月是三十一天，就是一千零四十萬元。

——這是一個天文數字。

我們感興趣的不是這個近乎無聊的故事，我們感興趣的是最後三天竟然能夠產出如此多的錢。也就是說，當一個事物到了成倍增長的時候，越是到最後，其威力越是令人瞠目結舌。換句話說，什麼事情都是這樣，最後三天是最令人驚心動魄的：無論是好還是壞都是這樣！

經常聽見有些人哀嘆自己時運不濟，無論任何事都不能如願。事實上，真正失敗的原因是他做任何一件事，只要一遇挫折就半途而廢；可是接手他那份工作的人，卻因自己不斷地努力，反而獲得圓滿的成功。由此我們可以明白地看到，不是這個人運氣差，只是因為他欠缺耐心，欠缺執著。

美國玫琳凱化妝品公司的董事長叫玫琳凱，在創業之初，她歷經失敗，她承受痛苦，走了許多彎路。然而，她從來不灰心，不洩氣，最後終於成為一名大器晚成的化妝品行業的「皇后」。

二十世紀六〇年代初期，玫琳凱已經退休回家。可是過分寂寞的退休生活使她突然決定冒險。經過一番思考，她把一輩子積蓄下來的五千美元作為全部資本，創辦玫琳凱化妝品公司。

為了支持母親實現「狂熱」的理想，兩個兒子也「跳往助之」，加入到母親創辦的公司中來，寧願只拿二百五十美元的月薪。玫琳凱知道，這是背水一戰，是在進行一次人生中的大冒險，弄不好，不僅自己一輩子辛辛苦苦的積蓄將血本無歸，而且還可能葬送兩個兒子的美好前程。

在創建公司後的第一次展銷會上，她隆重推出一連串功效奇特的護膚品，按照原來的想法，這次活動會引起轟動，一舉成功。可是「人算不如天算」，整個展銷會下來，她的公司只賣出去一・五美元的護膚品。

意想不到的殘酷失敗，使她控制不住失聲痛哭。

她經過認真分析，終於悟出一點：在展銷會上，她的公司從來沒有主動請別人來訂貨，她沒有向外發訂單，而是希望女人們自己上門來買東西，難怪在展銷會上落到如此的後果。

商場就是戰場，從來不相信眼淚，哭是不會哭出成功來的。玫琳凱擦乾眼淚，從第一次失敗中站起來，在重視生產管理的同時，加強銷售隊伍的建設。

經過二十年的苦心經營，玫琳凱化妝品公司由初創時的雇員九人發展到現在的五千多人；由一個家庭公司發展成一個國際性的公司，擁有一支二十萬人的推銷隊伍，年銷售額超過三億美元。

玫琳凱終於實現自己的夢想。

這些事都跟心理學有關

做任何事只要半途而廢，前面的辛苦就等於白費。只有經得起風吹雨打及各種考驗的人，才是最後的勝利者。因此，不到最後關頭，絕對不要放棄，要一直不斷地努力下去，以求取最後的勝利。

迪士尼的米老鼠

四十幾年前，華特・迪士尼連維持自己的三餐都成問題，現在全世界的人幾乎都深愛他所創造出來的卡通人物。

這位從前經常身無分文，如今已經成為資產家、企業家的華特・迪士尼，將所賺到的錢又全部投注在事業上。

他表示：「與其每年繼續賺上數百萬元，不如製作更好的電影回饋給觀眾。」這種執著的精神，確實令人欽佩。

迪士尼原本是住在堪薩斯州的堪薩斯城，最初的心願只是想當一名畫家。某日，他到堪薩斯城的明星報社想找一份差事，他把自己的作品呈示給主編看，主編瞧了幾眼就說：

「不行，你一點也沒有繪畫的才能嘛！」迪士尼聽畢，只好垂頭喪氣地離開。

不久，他終於找到一份工作，工作內容是裝飾教會的繪畫。但是，由於他的薪資過於微薄，根本無法租一個像樣的工作室，他只好將父親的車庫改裝成自己的工作室。

雖然那時的日子過得非常艱辛，但當迪士尼日後回憶起那段日子時，更深深地體悟到，正是因為當初在瀰漫汽油味和機油味的車庫中工作，才激發他的創作潛能，使他創造出風靡全世界的米老鼠。

有關米老鼠產生的過程，有一段極為有趣的故事：某日，一隻老鼠在迪士尼的工作室中跑來跑去，他於是放下手上的工作，一直盯著老鼠看，並拿些麵包屑丟給老鼠吃。日子一天天過去，逐漸地，那隻老鼠竟然與迪士尼熟悉起來，而且終於爬上畫板。後來，迪士尼到好萊塢去謀求發展，他製作一連串的卡通電影，例如「奧斯卡幸運兔」，但是全部失敗。由於工作毫無進展，他變得身無分文，但是他沒有灰心，沒有放棄。

有一天，當他正在寄宿的房間中思索自己的未來時，腦海中突然浮現出一個影像，那就是堪薩斯城車庫內的那隻老鼠。於是，迪士尼立刻動手畫出那隻老鼠可愛的模樣——這就是米老鼠誕生的由來。

目前，在好萊塢擁有最多影迷、收到最多信件的明星就是米老鼠。它已經成為全世界家喻戶曉的明星。

此後，華特・迪士尼每週必會到動物園，以便研究各種動物的動作及叫聲。

某次，他想起兒時母親曾講過一個「三隻小豬與大野狼」的故事，他覺得很有趣，遂決定製作成卡通電影。然而，工作人員對此構想均持反對意見，雖經迪士尼一再提出計畫，工作夥伴們仍然反對，不得已只好暫停計畫。

後來，經過迪士尼再三的要求，終於與夥伴們達成共識，決定試試看。儘管如此，他們誰也不敢對這部電影抱有太大的期望。同時，他覺得製作一部米老鼠的影片需要九十個工作日，如果「三隻小豬與大野狼」也得花費同樣的時間，未免太浪費，所以大家決定以六十個工作日來完成這部電影。

結果，這部電影推出之後，立刻贏得全美觀眾的熱烈讚賞，並且創下重映七次的紀錄，這在卡通電影史上可以說是史無前例、絕無僅有的。

「一切成功的秘訣，即在於熱愛自己的工作」——人生如果只是為了追求財富，就會失去其真正意義。迪士尼的成功，正是由於他對工作的執著。

這些事都跟心理學有關

無論做什麼事情都不能半途而廢：在看準了的前提之下，就是龍潭虎穴也要做下去。堅持堅持再堅持，美好的生活是在堅持中獲得的。

放棄，表示沒有機會

不管做什麼事，只要放棄了，就沒有成功的機會。不放棄就會一直擁有成功的希望。如果你有九九％想要成功的欲望，卻有一％想要放棄的念頭，是沒有辦法成功的。

達比賣掉自己的全部家產，來到科羅拉多州追尋黃金夢。他圍了一塊地，用十字鎬和鐵鍬進行挖掘。經過幾十天的辛勤工作，達比終於看到閃閃發光的金礦石。繼續開採必須有機器，他只好悄悄地把金礦掩埋好，暗中回家湊錢買機器。

當他費盡千辛萬苦弄來機器，繼續進行挖掘時，不久就遇到一堆普通的石頭，達比認為：金礦枯竭了，原來所做的一切將一錢不值。他難以維持每天的開支，更承受不住越來越重的精神壓力，只好把機器當廢鐵賣給收廢品的人，「捲鋪蓋」回家。

收廢品的人請來一位礦業工程師對現場進行勘察，得出的結論是：目前遇到的是「假脈」。如果再挖三尺，就可能遇到金礦。收廢品的人按照工程師的指點，在達比的基礎上不斷地往下挖。正如工程師所言，他遇到豐富的金礦脈，獲得數百萬美元的利潤。

達比從報紙上知道這個消息，氣得頓足捶胸，追悔莫及。

也許，你離成功只有一步之遙，只要你再堅持一下，你就可以叩響成功的大門，但如果此時停住前進的腳步，就表示你與成功失之交臂。

日本的名人市村清池，在年輕的時候擔任富國人壽熊本分公司的推銷員，每天到處奔波拜訪，可是連一張合約都沒簽成，因為保險在當時是很不受歡迎的一種行業。

在六十八天期間，他沒有領到薪水，只有少數的車馬費，就算他想節約一點過日子，仍連最基本的生活費都沒有。到了最後，已經心灰意冷的市村清池就與太太商量準備連夜趕回東京，不再繼續拉保險。此時，他的妻子卻含淚對他說：「一個星期，只要再努力一個星期，如果真的不行……」

第二天，他又重新鼓起勇氣到某位校長家拜訪，這次終於成功了。後來，他曾經描述當時的情形：「我在按鈴的時候之所以提不起勇氣的原因是，已經來過七八次，對方覺得很不耐煩，這次再打擾人家一定沒有好臉色看。哪知道對方這個時候已經準備投保，可以說只差一張契約還沒簽而已。假如在那一刻我就這樣過門不入，我想那張契約也就簽不到了。」

在簽了那張契約之後，又有不少契約接踵而來，而且投保的人也和以前完全不相同，都是主動表示願意投保。許多人的自願投保給他帶來無比的勇氣。在一個月內他的業績就一躍而成為富國人壽的佼佼者。

在歷史的長河與現實的生活中，也有很多為理想為事業奮鬥的人，他們往往離成功還有一步之遙卻停止腳步，面對失敗與困難，他們氣餒了、放棄了，功虧一簣，功敗垂成，這是多麼令人痛心與惋惜。山窮水盡疑無路，但是這位可敬的年輕人，仍然堅定執著地繼續走，終於迎來柳暗花明又一村。

在我們的歷史與生活中，像這樣的人還真不少，他們都在艱難困苦中堅持自己的理想，不到成功，不言放棄。美國大將軍克林頓與法英聯軍交戰，屢戰屢敗，一次落荒逃到農舍裡，正好看到蜘蛛織網屢破屢織的經過，他大受啟發，後來終於打敗勁敵。愛迪生發明電燈的時候，曾經實驗過上千種燈絲材料，最後才找到鎢絲而成功。試想，要經歷成百上千的失敗，要有多麼堅韌執著的精神意志啊！

這些事都跟心理學有關

成功本身不難，難的是成功之前面對失敗的精神品格。人生是一場搏鬥。敢於搏鬥的人，才可能是命運的主人。在山窮水盡的絕境裡，再搏一下，也許就能看到柳暗花明。在冰天雪地的嚴寒中，再搏一下，一定會迎來溫暖的春風。

執著的永恆意義

兩隻青蛙在覓食中，不小心掉進路邊一個牛奶罐裡。牛奶罐裡還有為數不多的牛奶，但是足以讓青蛙們體驗到什麼叫滅頂之災。

一隻青蛙想：完了，完了，全完了。這麼高的牛奶罐啊，我是永遠也出不去了。於是，牠很快就沉下去。另一隻青蛙在看見同伴沉沒於牛奶中時，沒有一味放任自己沮喪、放棄，而是不斷告誡自己：「上帝給我堅強的意志和發達的肌肉，我一定能夠跳出去。」牠每時每刻都在鼓起勇氣，用盡力量，一次又一次奮起、跳躍——生命的力量與美，展現在牠每次的搏擊與奮鬥裡。

不知過了多久，牠突然發現腳下的牛奶變得堅實起來。

原來，牠的反覆跳動，已經把液態的牛奶變成一塊乳酪。不懈的奮鬥和掙扎終於換來自由的那一刻。牠從牛奶罐裡輕盈地跳出來，重新回到綠色的池塘裡。那隻沉沒的青蛙就那樣留在那塊乳酪裡，牠做夢都沒有想到會有機會逃離險境。

還有一個是動物用執著謀生的故事：

從前，一個老人帶著他心愛的驢出門遠行，不料他的驢滑入路旁的深溝。老人不想讓自己的驢在溝裡活受罪，於是找來一把鐵鏟，想把驢埋掉。

面對從天而降的黃土，驢沒有倒下，而是用盡力氣將黃土抖落下來，然後堅定地站住。就這樣，落下一鍬土，驢就用力抖一下，然後向上站一步；抖一下，向上站一步。最後，牠又回到地面。

我們的世界經歷無數次的變革，每個時代都有很多執著的人。當然，在不同的時代，執著也有不同的含義，但是有一個永恆的意義，那就是：堅持不懈。

晉代書法家王羲之，練得一手好字，他為了練習寫這一手好字，把一池的水都染黑了，他經歷多少「寒徹骨」又有誰知道？但是他最後成功了。唐宋八大家之一的曾鞏寫道：「羲之之書晚乃善，則其所能，蓋亦以精力自致者，非天成也。」這不是也證明執著是開啟成功大門的鑰匙嗎？

這些事都跟心理學有關

如果你不向困難低頭，困難將會向你低頭！只要你肯堅持，終究會擺脫困難。

放下無謂的執著

在亞洲，有一種捉猴子的陷阱，他們把椰子挖空，然後用繩子綁起來，接在樹上或固定在地上，椰子上留了一個小洞，洞裡放了一些食物，洞口大小只能讓猴子空著手伸進去，而無法握著拳頭伸出來，於是猴子聞香而來，將牠的手伸進去抓食物，理所當然，緊握的拳頭無法縮回來，當獵人來時，猴子驚慌失措，更是逃不掉。

沒有任何人捉住猴子不放，牠是被自己的執著所俘虜，牠只要將手放開就能縮回來。

心中的欲念使我們放不下，內心的欲望與執著，使我們一直受縛，我們唯一要做的，只是將我們的雙手張開，放下無謂的執著，就能逍遙自在。

執著二字，對人生來說是十分重要的，許多人十分重視執著二字。在悠悠的歷史長河裡，無數的賢人哲士都是這樣教導我們的：人生路上不設定目標不行，目標選定以後沒有勇氣不行，只有勇氣沒有千斤壓頂不彎腰的執著精神不行。世間萬事，只有執著地追求，才能使目標實現。由於我們長期受此教育，所以執著二字在人們的心中是根深蒂固的。

一個女孩為了自己喜歡的男孩，她跑到上帝面前，懇請上帝能給她機會做一棵樹，就在男孩家的門前，這樣一來，她就能天天看到他。上帝說，即使你能天天見到他，你也不會高興的。女孩的執著感動了上帝，於是女孩變成一棵樹。女孩能天天看到他所深愛的男孩，一年過去了，兩年過去了……

可是男孩從來沒有看女孩一眼，每到秋天，女孩都會哭，她枯黃的淚隨著秋風飄下，女孩是多麼希望男孩能擁抱她一下啊！可是女孩卻一次次地失望，可是她不甘心，她又跑到上帝面前，再次懇請上帝，希望自己變成一塊石頭能讓男孩歇歇腳，於是女孩變成一塊在男孩家門口的石頭。

同樣，男孩還是不看她一眼，風吹雨打，飽經風霜，女孩從無怨言，可是她太傷心了，終於她因為憂鬱而崩潰了，就在這時，珠寶商人看見她的心，那是一個十分名貴的藍水晶。後來，這個水晶被加工成一枚名貴的戒指，而戴上它的，卻是男孩的女朋友，是男孩送給女孩的結婚戒指，女孩這次真的傷心欲絕，她不知道自己哪兒錯了，也不知道為什麼世界這樣的不公平，自己多年的等待換來的卻是一場空。

上帝來了，他問女孩，你沒有覺得自己很傻嗎？女孩哭了，她真的覺得自己很傻，就在這時，上帝告訴女孩，有一個男孩，為你守候更長時間……

這些事都跟心理學有關

放棄執著，不是你對現實的投降，而是你將你的境界調整到一種更高的層次，將自己的心態處於一種少煩惱的狀態。讓自己不管處於什麼樣的困境，遇到什麼樣的煩惱，碰上什麼樣的悲傷，都能以放棄執著的心態，將這些困境、煩惱、悲傷都不放在心上。因為，放棄執著，就沒有為我的動機，沒有為我的動機，就不會存在為他的動機，無我無他就是一種超越自我和超越現實的境界。

當然，這不是一件容易的事情，但是在無奈和殘酷的現實面前，不懂得放棄也許就表示毀滅。

點燃樂觀之火

伍迪・艾倫，奧斯卡最佳編劇、最佳製片人、最佳導演、最佳男演員金像獎獲得者，在大學裡英語竟然不及格。

馬爾科姆・富比士，世界最大的商業出版物之一──《富比士》雜誌的主編，卻沒能當上普林斯頓大學校刊編輯。

利昂・尤利斯，作家、學者、哲學家，卻曾三次沒有通過中學的英文考試。

利文・尤里曼，兩次被提名為奧斯卡金像獎最佳女演員的候選人，當年投考戲劇學院時，卻沒入選，因為主考人認為她沒有表演才能。

理查・馬尼博士，神經放射學專家，在醫學院一年級時，神經解剖學不及格。

滑雪教練彼得・賽伯特首次透露他將開創一個新的項目時，大家都認為這簡直是天方夜譚。站在科羅拉多大峽谷的一個山頂，賽伯特表述那個從十二歲就伴隨他的夢想，開始向世人認為不可能的事情進行挑戰。賽伯特的夢想——高台跳雪——現在已經成為現實。

年輕的伊內蒂・比薩剛從按摩學校畢業後想在加州美麗的蒙特雷地區見習接診。當地的按摩機構告知該地按摩師為數眾多，但是沒有那麼多的病人。於是在四個月中，比薩每天用十個小時挨家挨戶地毛遂自薦，上門服務。他總共敲響一萬二千五百扇門，和六千五百個人洽談並邀請他們到他未來的診所就醫。作為對他的毅力和誠摯的回報，在接診的第一個月，他就醫治二百三十三名病人，並且創下當月收入七萬二千美元的紀錄。

大名鼎鼎的可口可樂公司，開張的第一年，僅售出四百瓶可口可樂。

NBA超級球星麥可・喬登曾經被所在的中學籃球隊除名。

賽拉・霍茲沃斯十歲時雙目失明，但是卻成為世界上著名的登山運動員。一九八一年，她登上瑞納雪峰。

瑞弗・詹森，十項全能的冠軍，有一隻腳先天畸形。

賽烏斯博士的處女作《想想我在桑樹街看到的》被二十七個出版商拒絕，但是他沒有放棄。最後，第二十八家出版社——文戈出版社看中該書的潛在市場價值，很快出版並且獲得六百萬冊的銷量。

《心靈雞湯》在海爾斯傳播公司受理出版之前，也曾經遭到三十三家出版社拒絕。全紐約主要的出版商都說：「書確實好得很，但沒有人愛讀這麼短的小故事。」然而現在《心靈雞湯》系列在世界售出一千七百萬冊，並且被翻譯成二十種文字。

一九三五年，《紐約先驅論壇報》發表的一篇書評，把喬治・格斯文的經典之作《鮑蓋與貝思》評論為「道地的激情的垃圾」。

一九〇二年，《亞特蘭蒂克月刊》詩歌版編輯退還一位二十八歲詩人的作品，退稿上寫著：「我們的雜誌容不下你如此熱情洋溢的詩篇」，那個二十八歲的詩人叫羅伯特・普羅斯特。艾利斯・赫利還是一個尚未成名的年輕人時，在四年中他每週都能收到一封退稿信。後來，艾利斯幾欲停止寫作《根》這部著作，並且自暴自棄。如此九年，他感到自己壯志難酬，於是準備跳海，了此一生。當他站在船尾，看著波浪滔滔，正欲跳海，忽然他聽到所有先人都在呼喚：「你要做你應該做的，因為現在他們都在天國凝視你，切勿放棄！你可以勝任，我們期盼你！」在以後的幾週裡，《根》的最後部分終於完成了。

溫斯頓・邱吉爾被牛津大學和劍橋大學以其文科太差而拒之門外。

一九〇五年，阿爾伯特・愛因斯坦的博士論文在波恩大學未獲通過。原因是論文離題而且充滿奇思怪想。愛因斯坦感到沮喪，但這未能使他一蹶不振。

這些事都跟心理學有關

困難重重，幸而這些人沒有被挫折、失敗嚇倒，也沒有聽從別人好意但卻消極的勸告。只要你的心態是積極樂觀的，沒有人會阻礙你前進的腳步。

駕馭人生不沉的船

一天，一位律師到英國國家船舶博物館參觀，以調節他失意的心情。當時，他剛打輸一場官司，委託人也於不久前自殺了。儘管這不是他的第一次失敗辯護，也不是他遇到的第一例自殺事件，然而每當他遇到這樣的事情，總是有一種罪惡感。他不知道應該怎樣安慰那些在生意場上遭受不幸的人，那些人有些被騙，有些被罰，有些因為打輸官司，落得債務纏身。

當他在國家船舶博物館觀看那些舊船時，忽然被一艘經歷不凡的船吸引。這艘船原屬於荷蘭福勒船舶公司，於一八九四年下水，在大西洋上曾一百三十八次遭遇冰山，一百一十六次觸礁，十三次起火，二百零七次被風暴扭斷桅杆，然而它沒有沉沒，英國勞埃德保險公司基於它不可思議的經歷，將這艘船體變形、創痕累累的船從荷蘭買回來捐給國家。

這位律師看到這條船以後，產生一個想法：為什麼不讓那些生意場上的失意者來參觀這條船？於是，他就把這艘船的歷史抄下來，和這艘船的照片一起掛在他的律師事務所裡，每當商界的委託人請他辯護，無論輸贏，他都建議他們去看看這艘船，自此，在他的委託人中，再也沒有發生自殺事件。據英國《泰晤士報》說，截止到一九八七年，已經有十萬人參觀過這艘船。

我們的一生，也可以像那艘不沉之船一樣，勇往直前。只要我們不放棄希望，樂觀地對待人生的每個挫折。

這些事都跟心理學有關

用樂觀的心態去勇敢地面對吧！快樂是一種心態，一種情緒。這種心態和情緒與挫折和失敗無關。如果天下的人們，用鮮花鋪滿自己心靈的春天，用快樂填充自己的平常生活，一個腳印接著一個腳印地走，每個腳印都是一首成功的歌！

快樂的鑰匙

著名專欄作家哈里斯（Sydney Harries）和朋友在報攤上買報紙，朋友禮貌地對報販說一聲謝謝，但報販卻冷口冷臉，沒發一言。

「這個傢伙態度很差，是不是？」他們繼續前行時，哈里斯問道。「他每天晚上都是這樣的，」朋友說。「你為什麼還是對他那麼客氣？」哈里斯問他。

朋友答道：「為什麼我要讓他決定我的行為？」

一個成熟的人握住自己快樂的鑰匙，他不期待別人使他快樂，反而能將快樂與幸福帶給別人。

每個人的心中都有一把「快樂的鑰匙」，但是我們經常在不知不覺中，把它交給別人掌管。

一位女士抱怨：「我活得很不快樂，因為先生常出差不在家。」她把快樂的鑰匙放在先生手裡。

一位媽媽說：「我的孩子不聽話，讓我很生氣！」她把鑰匙交在孩子手中。

一位男士說：「主管不賞識我，所以我情緒低落。」快樂的鑰匙又被塞在老闆手裡。

婆婆說：「我的媳婦不孝順，我真命苦！」

年輕人從文具店走出來說：「那位老闆服務態度惡劣，把我氣炸了！」

這些人都做了相同的決定，就是讓別人來控制他的心情。

當我們容許別人掌控我們的情緒時，我們會覺得自己是受害者，對現況無能為力，抱怨與憤怒成為我們唯一的選擇。我們開始怪罪他人，並且傳達一個訊息：「我這樣痛苦，都是你造成的，你要為我的痛苦負責！」

此時，我們就把重大的責任託付給周圍的人，即要求他們使我們快樂。我們似乎承認自己無法掌控自己，只能可憐地任人擺布。

這樣的人使別人不喜歡接近，甚至望而生畏。

但是一個成熟的人握住自己快樂的鑰匙，他不期待別人使他快樂，反而能將快樂與幸福帶給別人。他的情緒穩定，為自己負責，和他在一起是享受，而不是壓力。

你的鑰匙在哪裡？在別人手中嗎？快去把它拿回來吧！

也許有人會問，你說全世界充滿歡樂，難道人生之中就沒有痛苦的荊棘和不幸的泥淖嗎？有。快樂是一種角度，遇到不幸時，換一個角度看，痛苦的酒糟可能釀製出快樂的甘醴。用欣喜的心情看，世界風和日麗；若用悲涼的眼睛看待世界，可能只剩下愁雲慘霧。悲觀的人心情一直潮濕，樂觀的人心情永遠明媚。「樂觀」一詞，說出一種很質樸的快樂方式——從「快樂」的角度去看待世界。用樂觀的態度去面對一切，苦中也有樂。況且，快樂的種子很多是從痛苦的土壤中孕育出的。

同樣給一座荒山，悲觀者回答：修一座墳塋；樂觀者反駁：種滿山綠樹。

面對痛苦，一般人會泥足深陷，只有少部分人「強作歡顏」，極少有人能夠達到「苦中作樂」乃至「以苦為樂」的人生境界。漫畫家蔡志忠的一段話頗有哲理：被針刺到手時，你的快樂是沒有刺到眼睛。我認為，如果一個人能忘記手上的痛，想到眼睛沒有被刺瞎的慶幸，早該破涕為笑了。

這些事都跟心理學有關

邁向快樂的攔路石還有人的欲望，欲望越多越強烈，若得不到滿足，痛苦就越深。可以說，欲望是痛苦的淵藪。筆者不主張絕情滅欲，但不能貪心不足蛇吞象。要以較低的要求來對待生活。古人說：「知足常樂」，不足時也要笑口常開。從山上看樹，樹很小；從地上看樹，樹就很高。

享受快樂的生活

生活是極不愉快的玩笑，但是要使它美好也不難。為了做到這一點，光是中頭彩贏了二十萬盧布、得了「白鷹」勳章、娶個漂亮女人、以好人出名，還是不夠的　這些福分都是無常的，而且也很容易習慣。為了不斷地感到幸福，甚至在苦惱和愁悶的時候也感到幸福，就需要：（一）善於滿足現狀，（二）很高興地感到：「事情原來可能更糟」。這是不難的：

要是火柴在你的口袋裡燃起來了，你應該高興，而且感謝上帝：多虧你的口袋不是火藥庫。

要是有窮親戚上別墅來找你，你不要臉色蒼白，而要喜氣洋洋地叫道：「還好，幸虧來的不是警察！」

如果你的妻子或者小姨子練鋼琴，你不要發脾氣，而要感謝這份福氣：你是在聽音樂，而不是聽狼嗥或者貓的音樂會。

你應該高興，因為你不是拉長途馬車的馬，不是旋毛蟲，不是豬，不是驢，不是吉普賽人牽的熊，不是臭蟲。

你要高興，因為眼下你沒有坐在被告席上，也沒有看見債主在你面前。

如果你不是住在邊遠的地方，一想到命運總算沒有把你送到邊遠的地方，你豈不是覺得幸福？

要是你有一顆牙痛起來，你就該高興：幸虧不是滿口的牙痛起來。

你應該高興，因為你可以不必一下子跟三個人結婚。

要是你被送到警察局，就應該樂得跳起來，因為多虧沒有把你送到地獄的大火裡。

要是你挨了一頓樺木棍子的打，就應該蹦蹦跳跳，叫道：「我多麼好運，人家總算沒有拿帶刺的棒子打我！」

要是你的妻子對你變心，就應該高興，多虧她背叛的是你，不是國家。

依此類推……朋友，照著我的勸告去做吧，你的生活就會歡樂無窮。

契訶夫這篇短文摘自《外國名家隨筆金庫》，原本是契訶夫對企圖自殺者進一言。我看了以後忍俊不禁，幽默詼諧當中確實蘊含豐富的哲理，寄寓他對真誠生活的嚮往。也經常有人問我為什麼那麼快樂，我覺得自己就是一個善於滿足的人。也許不知不覺當中，總把事情往好處想吧！

如果虛度今天，就暗自慶幸，還有明天，可以重新開始。

如果錯過太陽，不要流淚，不然就要錯過群星。

這些事都跟心理學有關

如果刮風下雨的時候，我們正在街上，把雨傘打開就夠了，不必去說：「該死的天氣，又下雨了！」這樣說，對於雨滴、雲、風不會產生作用。我們不如說：多好的一場雨啊！這句話對雨滴同樣不產生作用，但是它對我們自己有好處，同時也可以把快樂傳遞給別人。

我們的必需品是什麼？

我們需要愛，來自家人的，來自朋友的，還有愛人的，甚至是陌生人的愛。我們需要愛，因為我們是人，一種有豐富感情的高級動物，愛就像是我們生活中需要的陽光一樣，可以帶給我們溫暖，帶給我們快樂，帶給我們幸福，所以我們離不開它。

世界上沒有完美無缺的事物，只有愛才是最美好的。愛是心靈的呼喚，感情的投入。它不計功名利祿、不計成功失敗、不患得患失，只是一種真摯的感情。

愛之所以完美，是因為愛是無私的，愛是純摯的，它只求更多地給予，而不求或多或少地索取，更不奢望過多的回報和酬謝。

有一篇文章這樣寫道：

生活，這位智者再次出現在我的考卷上，帶著神秘的笑問我需要什麼。我的回答不睿智，但是充滿感性。是的，我認為生活需要愛。

生活需要友情。試問友情是什麼？是鍾子期與俞伯牙的高山流水，斷琴祭友？是朋友見面一聲久違的「老友」，是患難中的一隻溫暖的手；或是同病相憐時一個會心的微笑吧！但是無論友情有多偉大，或是多普通，它一定是重要的！生活需要它！

生活需要親情。敢問親情是什麼？是母愛的無私，還是父愛的含蓄？是女兒的乖巧還是兒子的頑皮？是旅遊在外的思念的電話，是國外一次昂貴的國際電話；是母親節時一束美麗的康乃馨；是一句關切的叮囑；或是大雨中一把小傘撐起的一方晴空吧！但是無論親情是濃是淡，它一定每時每刻都伴隨在你身邊。把你的生活染得絢麗多彩。生活同樣需要它！

生活需要愛情。請問愛情是什麼？是楊過小龍女十年的不離不棄？是梁山伯祝英台化蝶的悲涼和千古傳唱的《梁祝》？是瓊瑤筆下的公主王子般的故事？還是……也許它只是情人節的一朵玫瑰，一盒巧克力；是患難中的一句深情的安慰；是一種平等而互相尊重的感情；是一個柔情的微笑；或是一次真誠的對視吧！但是無論流行歌曲把愛情唱得有多濫，或是多少人汙辱它的聖潔，生活依然需要它！

友情、親情、愛情，三股愛的風在生活的海洋上吹起浪花，蕩起漣漪。沒有愛，生活將變得索然無味，了無生趣。讓我們去珍惜身邊的愛吧！生活需要它們！是的，大聲再說一遍，生活需要愛！

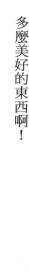

「愛」是我們經常掛在嘴邊的一個字，可是有時候，我們經常會忽略周圍的愛：如父母對子女無微不至的愛、老師對學生循循善誘、朋友間互相安慰……這些往往都被我們視為理所當然，而沒有細細地加以體會。如果你加以體會，你會感覺到——人生，這是一個多麼美好的東西啊！

這些事都跟心理學有關

我們生活在一個多元的社會中，每個人都需要別人的關愛和幫助。我們關心他人、愛護他人、支持他人、理解他人，同樣的，我們自己也會得到別人的關愛和幫助。把愛作為人與人之間交流的紐帶，世間就會少一分猜忌，多一分溫馨；少一分欺騙，多一分誠實……「如果人人都獻出一點愛，世界將變成美好人間。」

愛是可以傳遞的

多年前一個感恩節的早上，有一對年輕夫婦不願意醒來，他們不知道如何度過這一天，因為他們實在是窮得可憐。聖誕節的「大餐」想都別想，有一些簡單的食物吃就不錯了。

早先如果可以跟當地慈善團體聯絡，或許可以分得一隻火雞及烹烤的佐料，可是他們沒有這麼做，為什麼？就跟其他許多家庭一樣，要有骨氣，是怎麼樣就怎麼過這個節。

貧賤夫妻百事哀，無可避免的，沒多久這對夫婦就爭吵起來。隨著雙方越來越激烈的火氣和咆哮，看在這個家庭最長的孩子眼裡，只覺得自己是那麼的無奈和無助，但是命運就在此刻改觀了……

沉重的敲門聲在耳邊響起，男孩前去應門，一個高大男人赫然出現眼前，穿著一身皺巴巴的衣服，滿臉的笑容，這個男人手提著一個籃子，裡面滿是各種能想到的感恩節東西：一隻火雞、塞在裡面的配料、餡餅、甜薯及各式罐頭，全是感恩節大餐不可缺少的。

這家人一時都愣住了，不知道是怎麼一回事，門口的那個人隨後開口道：「這份東西是一位知道你們有需要的人要我送來的，他希望你們知道有人在關懷你們。」

起初，這個家庭中做爸爸的極力推辭，不肯接受這份禮，可是那個人卻這麼說：「得了，我也只是一個跑腿的。」帶著微笑，他把籃子擱在小男孩的臂彎裡轉身離去，身後飄來了這句話：「感恩節快樂！」

就是那一刻，小男孩的生命從此不一樣。雖然只是小小的一個關懷，卻讓他曉得人生始終存在希望，隨時有人——即使是「陌生人」——在關懷他們。在他內心深處，油然興起一股感恩之情，他發誓日後也要以同樣方式去幫助其他有需要的人。

到了十八歲，他終於有能力來兌現當年的許諾。雖然收入還很微薄，在感恩節他還是買了不少食物，不是為了自己過節，而是去送給兩戶極為需要的家庭。

他穿著一條老舊的牛仔褲和一件T恤，假裝是一個送貨員，開著自己那輛破車親自送去，當他到達第一戶破落的住所時，前來應門的是一位拉丁婦女，帶著提防的眼神望著他。她有六個孩子，數天前丈夫拋下他們不告而別，他們目前面臨斷炊之苦。

這位年輕人開口說：「我是來送貨的，女士。」隨後，他回轉身子，從車裡拿出裝滿食物的袋子及盒子，裡面有兩隻火雞、配料、餡餅、甜薯及各式的罐頭。見此，那個女人當場傻眼了，而孩子們爆出高興的歡呼聲。

忽然，這位年輕媽媽攫起年輕人的手臂，沒命地親吻著，同時操著生硬的英語激動地喊著：「你一定是上帝派來的！」年輕人有些靦腆地說：「噢，不，我只是一個送貨的，是一位朋友要我送來這些東西的。」

隨後，他交給婦女一張字條，上面這麼寫著：「我是你們的一位朋友，願你一家都能過個快樂的感恩節，也希望你們知道有人在默默愛著你們。今後你們若是有能力，請同樣把這樣的禮物轉送給其他有需要的人。」

年輕人把一袋袋的食物不停地搬進屋子，使得興奮、快樂和溫馨之情達到最高點。當他離去時，那種人與人之間的親密之情，讓他不覺熱淚盈眶。回首瞥見那個家庭的張張笑臉，他對自己能有餘力幫助他們，內心充滿幸福的感覺。

他的人生是一個圓滿的輪迴，年少時期的「悲慘時光」原來是上帝的祝福，指引他一生以幫助他人來豐富自己的人生，就從那次的行動開始，他展開不懈的追求，直到今日。

這些事都跟心理學有關

這個故事是美國心理學大師安東尼 羅賓告訴我們的。以行動回報當年他及家人得到的幫助，提醒那些受苦的人們天無絕人之路，總是有人在關懷他們，不管所面對的是多大困難，即使是自己所知有限、能力不足，但只要肯拿出實際行動，就能從其中學到寶貴的功課，找到自我成長的機會，以致最終獲得長遠的幸福。

窮人的財富

在美國，有一對恩愛的夫婦，但是他們很貧窮。

這個家庭的主婦為了節省每個銅板，不得不「每次一個、兩個向雜貨鋪、菜販和肉店老闆那兒死乞白賴地硬扣下來」。儘管如此，到聖誕前夕全家只剩下一塊八毛七分錢。深愛丈夫的主婦德拉把這些錢數了三遍，然後她開始哭泣了。因為這些錢無法為丈夫購得一件稱心的「聖誕禮物」。無奈之下，她想到一個辦法——賣掉她那頭美麗的長髮。

然而，丈夫吉姆卻非常喜愛妻子這頭美麗的褐髮。因為那「美麗的頭髮披散在身上，像一股褐色的小瀑布，奔瀉閃亮」。他深知愛妻為了裝扮頭髮對百老匯路上一家商店櫥窗裡陳列的玳瑁髮梳渴望已久。但是他同樣沒有在聖誕節來臨之前賺到足夠的錢。怎麼辦？

為了給愛妻贈送玳瑁髮梳作為有價值的「聖誕禮物」，吉姆忍痛賣掉三代祖傳的金錶。

德拉的美髮和吉姆的金錶，是這個貧窮家庭中唯一引以自豪的珍貴財產。為了對愛人表示深摯的愛，他們在聖誕之夜失去這兩件最珍貴的財產，換來已無金錶與之匹配的錶鏈和已無美髮藉之裝扮的髮梳。金錶和美髮，對這個每星期只收入二十塊錢的家庭來說是一筆不可復得的巨大財富。

結果自然不言而喻，他們各自得到的禮物已經派不上用場，他們煞費苦心的設計換來的只是苦澀與悲傷。但是，夫妻二人的感情更加深厚，他們更能坦然面對嚴峻、貧困的生活，他們沒有失去生活信念，他們是自信而幸福的。

想必大家都已經知道，這就是歐・亨利最著名的小說《賢人的禮物》。

在那個唯金錢萬能的社會中，他們的禮物不能算作是智慧的「賢人的禮物」。但是，他們失去財富，卻加深人世間最寶貴的真摯愛情。在愛情與財富的矛盾中，他們為了前者而犧牲後者。所以，作家在小說末尾留下一段意味深長的話：「讓我們對目前一般聰明人說最後一句話，在所有饋贈禮物的人當中，他們兩個是最聰明的……他們就是賢人。」

我們經常可以聽到許多月收入不高的餐廳服務生迸發出歡快的大笑，但從許多似乎什麼都不缺的人臉上卻難得看到溫暖的表情。

當一個老農民收穫到一個特別大的紅薯時，他內心那種純粹的喜悅大概要遠遠地超過某位上班族因為戶頭的數字增加而產生的快樂。

那些辛苦工作的卑微人群有令人豔羨的好睡眠，深夜酒吧裡總是坐著一些生活條件更優越可是內心孤獨寂寞的失眠者。

難道上帝的公平就展現在這裡？許多人自己也在發出疑問：到底怎麼啦？為什麼不快樂？

因為物質化生活是一柄雙刃劍，這種生活在不斷滿足各種欲念的同時，也慢慢地侵蝕人感受最基本幸福的能力。不妨這麼說，物質欲念主導下的幸福感是異化的、虛幻的。

心理學大師佛洛姆認為，不是擁有很多財富的人才富有，從心理學角度講，擔心損失某樣東西而焦慮不安的守財奴——不管他擁有多少財產，都是窮困的、貧乏的。

這些事都跟心理學有關

窮人常不足，才有偶爾寬裕的滿足；窮人常不順，才有偶爾順利的欣喜；窮人常勢單，才有互幫互助的親情；窮人常坦白，才有無話不談的友情。更別說基於真心的愛情，奮發向上的豪情，都是所謂貧賤的窮人獨有的財富。安守我們的「財富」，因為我們確實握著自己的幸福。

感激愛我們的人

一年一度的兒童鋼琴比賽在好男人俱樂部舉行，經過三天的角逐，一位十一歲的女孩獲得本次比賽的冠軍。她是一所貴族學校的學生，她用的鋼琴是德國進口的海德曼鋼琴，一架就一百萬元。指導老師是藝術學院的一位知名教授，每週六由女孩的爸爸派車把他接到家裡來指導。女孩是這位父親的獨生女兒，他們住在別墅區的一幢房子裡。

頒獎晚會上，女孩彈了一首貝多芬的《月光奏鳴曲》，聽說這支曲子是貝多芬在月光下散步時創作的。當時，他路過一位少女的鋼琴室，這位少女是一位盲人，失去母親不久，她坐在窗下的鋼琴旁彈著哀惋的曲子。貝多芬聽到琴聲，悄悄走進去，藉著少女哀惋的序曲和灑在鋼琴鍵上的月光，寫下這首飄逸空靈又包含感傷的傳世之作。

獲獎女孩彈完這支曲子，已經是淚流滿面。女主持人見她如此投入和動情。問她：「你能告訴大家，你此刻的心情嗎？」女孩回答：「我很幸福和激動，但是假如我媽媽知道，我會更快樂一些。」

原來，女孩的媽媽曾經很愛女孩。但是，女孩的媽媽是一位偉大的警察，在一次執行任務中，女孩的媽媽不幸犧牲了。那時，女孩僅僅五歲，她只享受到五年的母愛。這五年的母愛，對一個剛懂事的孩子來說是多麼珍貴和難得。所以當孩子逐漸地長大，她更思念自己的媽媽，同時對那些每天生活在母愛當中的孩子也是非常羨慕的。

母愛是偉大的，試問每個人，誰能不接受母愛而活下來？還有一個家喻戶曉的小故事，故事雖然短小，然而我們相信，只要聽過它的人，都會為其中那偉大的母愛感動得流淚。

一位慈愛的母親很溺愛她的孩子，孩子要什麼，慈愛的母親就會想盡辦法為孩子拿到。母親寧願自己痛苦，也要把一切幸福留給孩子，孩子一天一天地長大。最後，孩子離開母親到外地去工作。

母親獨自在家很想念孩子，因為這麼多年她都是與孩子相依為命，沒有別的伴侶。終於有一天，孩子從外地回來了，母親非常高興，做了孩子最願意吃的。孩子吃完了去睡覺，母親就整整一夜坐在孩子身邊，她怕孩子醒來後就會離開她。第二天，孩子睡醒了，他對母親說：自己結婚了，妻子沒有跟他一起回家，但是現在有些麻煩來找母親解決。母親很著急，急忙問是什麼事。孩子說：我的妻子得了重病，需要你的心做藥才能治好。母親一聽，傷心欲絕。對孩子說：我的心或許可以救你的妻子，但是我沒有心也會死的。

最後，母親還是把心交給孩子。孩子很高興，捧著母親的心，急切地往妻子身邊跑，他想要快點救活妻子。由於太急，孩子不小心摔倒了，他爬起身去看看心摔壞沒有。這時，母親的心說話了：「孩子，你摔疼了嗎？」

兩個故事講述同樣的母愛，一個孩子珍惜母愛，一個孩子糟蹋母愛，原因是第一個孩子享受的母愛太少，第二個孩子卻擁有太多的母愛。所以，第一個孩子感謝愛她的母親，第二個孩子拿著母親的心去尋找自己的幸福。我們都知道，第一個孩子做的是對的，第二個孩子是會被人罵的。

這些事都跟心理學有關

生活中的愛有許多種，母愛只是其中之一。無論我們走到哪裡，我們都生活在「愛」之中，如果生活中沒有「愛」，我們無論如何也是無法生活的，正是因為有愛我們的人，我們才會生活得如此幸福。所以，讓我們感激那些愛我們的人吧！

施愛者的幸福

威爾・羅起士是非常著名的幽默大師，他整天都是快樂的——即使在他失去什麼東西的時候。一方面得益於他樂觀豁達的性格，更重要的是：他懂得如何用一顆平常心去看待得與失。

一八九八年冬天，威爾・羅起士繼承一個牧場。

有一天，他養的一頭牛，為了偷吃玉米而衝破附近一戶農家的籬笆，最後被農夫殺死。依當地牧場的共同約定，農夫應該通知羅起士並說明原因，但是農夫沒這樣做。

羅起士知道這件事情以後，起初非常生氣，於是帶著傭人一起去找農夫理論。

此時，正值寒流來襲，他們走到一半，人與馬車都掛滿冰霜，他們也幾乎要凍僵了。

好不容易抵達木屋，農夫卻不在家，農夫的妻子熱情地邀請他們進屋等待。羅起士進屋取暖時，看見婦人十分消瘦憔悴，而且桌椅後面還躲著五個瘦得像猴子的孩子。

不久，農夫回來了，妻子告訴他：「他們可是頂著狂風嚴寒而來。」

羅起士本來想開口與農夫理論，忽然又停住了，只是伸出手來。

農夫完全不知道羅起士的來意，開心地與他握手擁抱，並且熱情邀請他們共進晚餐。

這時，農夫滿臉歉意地說：「不好意思，委屈你們吃這些豆子，原本有牛肉可以吃，但是忽然刮起風，還沒有準備好。」

孩子們聽見有牛肉可吃，高興得眼睛都發亮了。

吃飯的時候，傭人一直等著羅起士開口談正事，以便處理殺牛的事情，但是羅起士看起來似乎忘記了，只見他與這家人開心地有說有笑。

飯後，天氣仍然相當差，農夫一定要兩個人住下，等轉天再回去，於是羅起士與傭人在那裡過了一晚。

第二天早上，他們吃了一頓豐富的早餐後，就告辭回去了。

在寒流中走了這麼一趟，羅起士對此行的目的卻閉口不提，在回家的路上，傭人忍不住問他：「我以為，你準備去為那頭牛討公道。」

羅起士微笑著說：「是啊，我本來是抱持這個想法，但是後來我盤算一下，決定不再追究。你知道嗎？我沒有白白失去一頭牛啊！因為，我得到一點人情味。畢竟，牛在任何時候都可以獲得，然而人情味不是很容易得到的。」

世界不是缺少美，而是缺少美的發現。人改變視覺，也就重新發現一個新奇的世界，世界其實仍然是那個世界，太陽不會因為人們的視覺改變而成為月亮。我們擁有一個共同的世界，卻擁有不同的世界觀，對這個世界也有不同的認識，不同的理解和看法。每個人都有一雙眼睛，用以分辨事物，這是自然的造化。每個人還有一雙眼睛，它不是長在臉上，而是長在心中，這就是心智的眼睛。這雙眼睛比另一雙更重要，它告訴我們如何看待身外的世界，如何看待自己。

故事中的羅起士，失去一頭牛，卻換得農夫一家人的笑容和幸福，這段經歷，更讓他懂得生命中哪些才是無價的。

有時候，當我們遇到挫折時，經常會怨天尤人，就好像全世界都在跟我們作對一樣，甚至抱怨這世上沒有人愛自己，有些更悲觀，則會自殺，表示他的抗議，這多麼可悲呀！

其實，如果我們能夠靜下心來，細細品味我們周圍的一切，一定會發現，在這個世界上，竟然有那麼多人疼我、愛我、幫助我，我多幸福呀！

當你能夠感受那份極為普通的愛的時候，相信你一定不會吝惜付出你的愛心給一些需要幫助的人，是不是？

愛是相互的，愛亦是平等的，它如同山谷的回音，你投入什麼，就會得到什麼。想要博取別人的心，首先使別人能得到自己的心；想要別人成為自己的朋友，首先要使自己成為別人的朋友，心要靠心來交換，感情要用感情來博取。

有這麼一個故事。在暴風雨後的一個早晨，一個男人來到海邊散步。他一邊沿著海邊走著，一邊注意到，在沙灘的淺水窪裡，有許多被昨夜的暴風雨捲上岸來的小魚。牠們被困在淺水窪裡，回不了大海，雖然近在咫尺。用不了多久，淺水窪裡的水就會被沙粒吸乾，被太陽蒸乾，這些小魚都會被乾死的。

男人繼續向前走著，忽然看見前面有一個小男孩，走得很慢，而且不停地在每個水窪旁彎下腰去——他撿起水窪裡的小魚，並且用力把牠們扔回大海。這個男人忍不住走過去：「孩子，這個水窪裡有幾百幾千條小魚，你救不過來的。」

「我知道。」小男孩頭也不抬地回答。

「哦？你為什麼還在扔？誰在乎呢？」

「這條小魚在乎！」男孩一邊回答，一邊拾起一條小魚扔進大海。「這條在乎，這條也在乎！還有這條、這條、這條……」

這些事都跟心理學有關

愛，真的是一件神奇而美好的事物，它最神奇的一面就是讓施愛者能夠體會到幸福。當你把愛的陽光傳遞給別人時，你的內心也被陽光照亮了。

「不可能」可能只存在想像中

一八六四年，美國南北戰爭結束了。一位叫馬維爾的法國記者去採訪林肯，他們有這麼一段對話。

記者：據我所知，皮爾斯和布坎南（註：上兩屆總統）都曾想過廢除黑奴制度，《解放黑奴宣言》也早在他們那個時期就已草就，可是他們都沒拿起筆簽署它。請問總統先生，他們是不是想把這個偉業留下來，給你去成就英名？

林肯：可能有這個意思吧！但是如果他們知道拿起筆需要的只是一點勇氣，我想他們一定非常懊喪。

這段對話發生在林肯去派特森的途中，馬維爾還沒來得及問下去，林肯的馬車就出發了。因此，他一直都沒弄明白林肯這句話到底是什麼意思。

直到一九一四年，林肯去世五十年後，馬維爾才在林肯致朋友的一封信中找到答案。在這封信裡，林肯談到幼年時的一段經歷。

「我父親在西雅圖有一處農場，上面有許多石頭。正是因為如此，父親才得以以較低的價格買下它。有一天，母親建議把上面的石頭搬走。父親說，如果可以搬走，主人就不會賣給我們，它們是一座座小山頭，都與大山連著。

「有一年，父親去城裡買馬，母親帶我們在農場裡工作。母親說，讓我們把這些礙事的東西搬走好嗎？於是，我們開始挖那一塊塊石頭。不長時間，就把它們弄走了，因為它們不是父親想像的山頭，而是一塊塊孤零零的石塊，只要往下挖一英尺，就可以把它們晃動。」

林肯在信的末尾說，有些事情一些人之所以不去做，只是因為他們認為不可能。其實，有許多不可能，只存在於人的想像之中。

生活中，我們經常需要突破，很多時候，突破僅僅需要一點勇氣。

這些事都跟心理學有關

義大利著名女記者法拉齊說，人只要有勇氣，就沒有辦不成功的事。

生活是水，寬容是杯

有一天，一個強盜突然闖進禪院，向七里禪師搶劫：「快把錢拿出來，不然就要你的老命！」七里禪師指指木櫃說：「錢在抽屜裡，你自己拿吧，但請留下一點給我買食物。」強盜得手後正要逃走，七里禪師卻把他叫住：「收了別人的東西，應該說聲謝謝才對啊！」強盜扭頭說了一句「謝謝」，頭也不回地跑了……

後來，這個強盜被捕了，衙差把他帶到七里禪師面前：「他曾經搶劫你的錢，是嗎？」七里禪師說：「他沒有向我搶，錢是我自願給他的，再說，他也謝過我了。」

這個人服刑期滿之後，立刻來叩見七里禪師，真誠地懇求禪師收他為徒。七里禪師虛懷若谷的「寬容之心」，使強盜那邪惡的心靈在瞬間得到菩提和淨化，最終「放下屠刀，立地成佛」。

什麼是寬容？漢語詞典上說：寬容就是寬大有氣量，不計較或追究。意思是說，對別人的傷害不計較和追究。從《大英百科全書》見到的「寬容」一詞的出處和原本的解釋發現，中國人對寬容一詞的理解和解釋，比西方卻不寬容許多。《大英百科全書》上寫道：「寬容：容許別人有行動和判斷的自由，對不同於自己或傳統觀點的見解的耐心公正的容忍。」

寬容確實是一種美德，溫暖的寬容也確實讓人難忘，不妨讓我們看兩個例子。公共汽車上人多，一位女士無意間踩疼一位男士的腳，趕緊紅著臉道歉說：「對不起，踩到你了。」不料男士笑了笑：「不，不，應該由我來說對不起，我的腳長得太不苗條了。」哄的一聲，車廂裡立刻響起一片笑聲，顯然，這是對優雅風趣的男士的讚美。而且，身臨其境的人們也不會懷疑，美麗的寬容將會給女士留下一個永遠難忘的美好印象。

一位女士不小心摔倒在一家整潔的鋪著木地板的商店裡，手中的奶油蛋糕弄髒了商店的地板，歉意地向老闆笑笑，不料老闆卻說：「真對不起，我代表我們的地板向你致歉，它太喜歡吃你的蛋糕！」於是女士笑了，笑得很燦爛。而且，既然老闆的熱心打動她，她也立刻下決心「投桃報李」，買了好幾樣東西後才離開這裡。

是的，這就是寬容——它甜美、它溫馨、它親切、它明亮、它是陽光，誰又能拒絕陽光？邱吉爾在第二次世界大戰結束後不久的一次大選中落選了。他是一個名揚四海的政治家，對於他來說，落選是一件非常狼狽的事情，但是他很坦然。當時，他正在自家的游泳池裡游泳，是秘書氣喘吁吁地跑來告訴他：「不好！邱吉爾先生，你落選了！」不料邱吉爾卻爽然一笑說：「好極了！這說明我們勝利了！我們追求的就是民主，民主勝利了，難道不值得慶賀？朋友勞駕，把毛巾遞給我，我應該上來了！」

真佩服邱吉爾，那麼從容，那麼理智，只用一句話，就成功地再現一種豁達大度的政治家風範！

還有一次，在一次酒會上，一個女政敵高舉酒杯走向邱吉爾，並且指了指邱吉爾的酒杯，說：「我恨你，如果我是你的夫人，我一定會在你的酒裡下毒！」顯然，這是一句滿懷仇恨的挑釁，但是邱吉爾笑了笑，友善地說：「你放心，如果我是你的先生，我一定把它一飲而盡！」妙！果然是從容不迫。不是嗎？既然你的那句話是假定，我也就不妨再來個假定。於是，就這麼一個假定，也就給對方一個寬容的印象，並且給人們一個極重要的啟示——原來，你死我活的廝殺既可做刀光劍影狀，更可以做滿面春風狀。

這些事都跟心理學有關

我曾經看到一位老人的一首詩，他稱讚：寬容是蔚藍的大海，納百川而清澈明淨；寬容是高闊的天空，懷天下而不記仇恨怨憤；寬容是燦爛的陽光，送你甘霖送你和風；寬容是延續生命，生命的輝煌也只有閃爍的一瞬；寬容大度才能超越局限的自身，一語寬容，雨露繽紛，一生寬容，心繫乾坤。

接納自己，欣賞自己

多年前的一個傍晚，一位叫亨利的年輕人，站在河邊發呆。

這天是他三十歲生日，可是他不知道自己是否還有活下去的必要。因為亨利從小在孤兒院裡長大，身材矮小，長相也不怎樣，講話又帶著濃重的法國鄉下口音，所以他一直很瞧不起自己，認為自己是一個既醜又笨的鄉巴佬，連最普通的工作都不敢去應徵，沒有工作，也沒有家。

就在亨利徘徊於生死之間的時候，與他一起在孤兒院長大的好朋友約翰興沖沖地跑過來對他說：「亨利，告訴你一個好消息！」

「好消息從來就不屬於我。」亨利一臉悲戚。

「不，我從收音機裡聽到一則消息，拿破崙曾經丟失一個孫子。播音員描述的相貌特徵，與你絲毫不差！」

「真的嗎，我竟然是拿破崙的孫子？」亨利一下子精神大振。聯想到爺爺曾經以矮小的身材指揮千軍萬馬，用帶著泥土芳香的法語發出威嚴的命令，他頓感自己矮小的身材同樣充滿力量，講話時的法國口音也帶著幾分高貴和威嚴。

第二天一大早，亨利滿懷自信地來到一家公司應徵。

二十年後，已經成為這家公司總裁的亨利，查證自己並非拿破崙的孫子，但這早已不重要。

接納自己，欣賞自己，將所有自卑全都拋到九霄雲外，這就是成功最重要的前提。一個不願面對自我、盲目從眾的人就像一艘失去舵的船，隨波逐流，不知離自己最近的島是哪一個，不知自己會漂向何方。只有學會瞭解自我的人，才懂得駕馭自己，懂得正確設計自己的人生航向。也只有這樣的人，才不會將自己有限的精力和時間過多空耗在無謂的幻影中。

有許多人因為生理上的缺陷，使奮發向上的熱情和欲望被「自我設限」壓制封殺，若沒有得到及時的疏導與激勵，將會喪失信心和勇氣。

這是一個關於電車車長女兒凱絲·達莉的故事。

她從小喜歡唱歌，並且夢想當一名歌唱演員，但是她的牙齒長得很不好看。

一次，她在紐澤西州的一家夜總會演出，在整個過程中，她總是試圖把上唇拉下來蓋住醜陋的牙齒，結果洋相百出。演完之後，她就傷心地哭了。

正當她哭得最傷心的時候，台下的一位老人對她說：「孩子，你很有天分，坦率地講，我一直在注意你的表演，我知道你想掩飾的是你的牙齒。難道長了這樣的牙齒一定就醜陋不堪嗎？聽著，孩子，觀眾欣賞的是你的歌聲，而不是你的牙齒，他們需要的是真實。張開你的嘴巴，孩子，觀眾看到連你都不在乎，他們就會對你產生好感。再說了，孩子，說不定那些你想遮掩起來的牙齒還會給你帶來好運。」

凱絲·達莉接受老人的忠告，不再去注意牙齒。從那時開始，她只想著她的觀眾，她張大嘴巴，熱情而高興地唱著，最後成為電影界和廣播界的明星。

所謂「金無足赤，人無完人」，我們在接受自我、把握自我的同時也要勇敢地接受自我的缺陷。我們可以讓自己的優點更明顯，或是讓自己的缺點逐漸收斂和縮小。進而達到揚長避短的目的。凱絲・達莉沒有因為醜而完全否定自己，她在看到自己醜的同時，也看到自己動聽的歌喉。她要讓歌喉更加動聽，進而彌補醜陋的缺陷。她充分瞭解自己，並能十分明智地揚長避短，於是她成功了。

這些事都跟心理學有關

世界上沒有兩片完全相同的樹葉，每個人都是獨一無二的。為了活出真我，我們要學會用平常心接納自己，懂得揚長避短。

多一個朋友，不如少一個敵人

佛家曾經有慧語：仇恨永遠不能化解仇恨，只有愛才能夠徹底化解仇恨。

一個人有這樣的經歷：

他在台上演講時，那個人在台下竊竊私語；他說到興奮之處，那個人卻譏諷地哈哈大笑。

他有權利阻止這個對自己充滿敵意的人的所為，但是他沒有。他總是面帶微笑看著他，然後繼續自己的演說。

他知道那個人喜歡藏書，有次在議會大廈大廳遇上，他問：「我有許多珍貴的藏書，不知你有沒有興趣？」

那個人吃了一驚。

他把家中的許多藏書贈給那個人，他們之間有接觸，談論的話題從書籍發展到政見，最後他們成為摯友。

他就是美國著名的政治家富蘭克林，那個對他充滿敵意的人當時的身分是州議會議員。

生活中，我們難免遇到敵人，此時此刻，我們可以和他們針鋒相對，和對手爭鬥到底；可以忽略對手，不與對手一般計較；當然也可以化敵為友。

但是，大家不妨想一下，若是爭鬥起來，可以天昏地暗。若是忽略對方則需要豁達和操守，淡然看待對手的挑釁。化敵為友則需要更寬廣的胸懷，更長遠的考慮。

與人爭鬥、忘記對手是容易的，但要笑臉面對敵人，把敵人引為知己，卻要遭遇人性上的艱苦考驗。如果我們能以一顆平常心豁達地對待對手，就會發現其實化敵為友會帶給我們很多意想不到的收穫。

蘇聯著名作家葉夫圖申科在《提前撰寫的自傳》中，講過一則十分感人的故事：

一九四四年的冬天，飽受戰爭創傷的莫斯科異常寒冷，兩萬德國戰俘排成縱隊，從莫斯科大街上依次穿過。

儘管天空中飄著大團的雪花，但是所有的馬路兩邊，依然擠滿圍觀的人群。大批蘇軍士兵和治安警察，在戰俘和圍觀者之間，畫出一道警戒線，用以防止德軍戰俘遭到圍觀群眾憤怒的襲擊。

這些圍觀者大部分是來自莫斯科及其周圍鄉村的婦女。她們之中每個人的親人，或是父親，或是丈夫，或是兄弟，或是兒子，都在德軍所發動的侵略戰爭中喪生。她們都是戰爭最直接的受害者，都對悍然入侵的德軍懷著滿腔的仇恨。

當大批的德軍俘虜出現在婦女們的眼前時，她們全都將雙手攥成憤怒的拳頭。要不是有蘇軍士兵和警察在前面竭力阻攔，她們一定會不顧一切地衝上前去，把這些殺害自己親人的劊子手撕成碎片。

俘虜們低垂著頭，膽顫心驚地從圍觀群眾的面前緩緩走過。突然，一位上了年紀、穿著破舊的婦女走出圍觀的人群。她平靜地來到一位警察面前，請求警察允許她走進警戒線去好好看看這些俘虜。警察看她滿臉慈祥，沒有什麼惡意，就答應她的請求。於是，她來到俘虜身邊，顫巍巍地從懷裡掏出一個印花布包。打開，裡面是一塊黝黑的麵包。她不好意思地將這塊黝黑的麵包，硬塞到一個疲憊不堪、拄著雙拐艱難挪動的年輕俘虜的口袋裡。年輕俘虜怔怔地看著面前這位婦女，剎那間已經淚流滿面。

他毅然地扔掉雙拐，「撲通」一聲跪倒在地上，給面前這位善良的婦女，重重地磕了幾個響頭。其他戰俘受到感染，也接二連三地跪下來，拼命地向圍觀的婦女磕頭。於是，整個人群中憤怒的氣氛一下子改變了。婦女們都被眼前的一幕所深深感動，紛紛從四面八方湧向俘虜，把麵包、香菸等東西塞給這些曾經是敵人的戰俘。

故事以這樣一句發人深思的話結尾：「這位善良的婦女在剎那之間，用寬容化解眾人心中的仇恨，並且把愛與和平播進所有人的心田。」

與人交往，退一步絕對能海闊天空。很多時候，在我們最需要幫助時，身邊出現的人往往是我們的敵人。

這些事都跟心理學有關

因此，多一個朋友，不如少一個敵人。只要我們主動伸出和解之手，化解彼此心中的疙瘩，我們可能就會減少一個敵人，而增加一個肝膽相照的好朋友。

失去，焉知非福

猶太人有一個寓言很有意思：如果斷了一條腿，應該感謝上帝沒有折斷你兩條腿；如果斷了兩條腿，應該感謝上帝沒有扭斷你的脖子；如果斷了脖子，就沒有什麼好擔憂的。

國王喜愛打獵，有一次在追捕獵物時，不幸弄斷一截食指。國王劇痛之餘，立刻召來智慧大臣，徵詢他們對意外斷指的看法。智慧大臣仍然輕鬆自在地對國王說，這是一件好事，並且請國王往積極方面去想。

國王聞言大怒，以為智慧大臣幸災樂禍，即命侍衛將他關到監獄。

斷指傷口癒合之後，國王又興沖沖地四處打獵，不料禍不單行，被叢林中的野人埋伏活捉。

依照野人的慣例，必須將活捉的這隊人馬的首領獻祭給他們的神。正當祭奠儀式開始的時候，巫師發現國王斷了一截食指，而按照他們部族的律例，獻祭不完整的祭品給天神，是會受天譴的。野人連忙將國王解下祭壇，驅逐他離開，另外抓了一位大臣獻祭。

國王狼狽地回到朝中，慶幸大難不死。忽而想起智慧大臣所說，斷指確實是一件好事，立刻將他從牢中釋放，並且當面向他道歉。

智慧大臣還是保持他的積極態度，笑著原諒國王，並且說這一切都是好事。

國王不服氣地質問：「說我斷指是好事，如今我能接受；但若說因我誤會你，而將你關在牢中受苦也是好事，我就不懂了。」

智慧大臣微笑著回答：「臣在牢中，當然是好事，陛下不妨想想，如果臣不在牢中，今天陪陛下打獵的大臣會是誰？」

我們都知道塞翁失馬的故事，說的也是這個道理。生活中，我們總是會擁有很多東西，但同時也會失去一些東西。一個人不可能毫無失去就能完全擁有，那不是真正的生活，也沒有生活的意義和真知真味。有時候，失去表示另一種獲得；有時候，失去讓我們發現還有其他美好的事物依然存在，也因此，這樣的獲得和存在會更讓人珍惜。

有時候，生活也會因為一些失去反而變得更完美。失去了，我們還可以爭取找回來，如果找不回來，還可以去發現新的更好的。當我們失去愛人，不要忘記還有夏天的熱烈，可以讓我們再次尋找；當我們失去愛心，不要忘記還有春天的溫馨，而春還能讓我們找回那顆愛之心；當我們失去希望，不要忘記去秋天的收穫中尋覓；當我們失去意志，不要忘記還有冬天的堅韌讓我們錘鍊……

這些事都跟心理學有關

讓我們用一顆平常心去對待生活中的擁有與失去，凡事看得淡泊一點，知足常樂，會讓自己的生活輕鬆愉快，如果太貪心，總想得到很多又無法面對失去，終究會成為一種生活的負荷與累贅，讓你疲憊不堪而逐漸失去人生的樂趣。既然這樣，讓我們還是選擇平淡與淡泊吧，好好珍惜自己擁有的，正確面對已經失去的，給自己一份快樂的好心情好生活。

牛仔褲的由來

中國有一句俗語：不在一棵樹上吊死。做任何事都要學會變通，成功因人而異，方法與角度千變萬化，任你挑選。

一八五〇年，美國舊金山來了一大批淘金者。那時，這裡已經是一個很熱鬧的地方，只見到處是熙熙攘攘、川流不息的人群。這些人大多衣衫襤褸，蓬頭垢面，一副疲於奔命的樣子。他們儘管種族不同、語言各異，但是滿腦子裡都在做著一個共同的美夢：淘金發財。

自從美國西部發現金礦，就掀起「淘金熱」，世界各地希望「一夜暴富」的人都向這裡湧來。在這川流不息的人群中，有一個叫李維・史特勞斯的年輕人，他是猶太人，拋棄自己厭倦的家族世襲式的文職工作，跟著兩位哥哥遠渡重洋，也到美國來「發財」。

他是一個非常實在的人，心裡盤算，做生意或許比淘金更容易賺錢。就這樣，他開了一間賣日用品的小鋪。

從德國來到美國，一切都是新的——既新鮮又是那樣的生疏。要開好這個小店，他得向當地的美國商人學習做生意的竅門，學習他們的語言。猶太人做生意天賦極高，他們自從被趕出家園之後，在世界各地流浪多年，就是靠他們高超的經商頭腦，才在世界各地生存下來。因此，他們的基因早就有做生意的基因，李維也不例外。

沒過多久，他就成為一個道地的商販。

一次，有一位來小店的淘金工人對李維說：「你的帆布很適合我們用，如果你用帆布做成褲子，更適合我們淘金工人用。我們現在穿的工作褲都是棉布做的，很快就磨破了。用帆布做成褲子一定很結實，又耐磨，又耐穿……」

說者無意，聽者有心，一句話就把李維點醒了，他連忙取出一塊帆布，領著這位淘金工人來到裁縫店，讓裁縫用帆布為這個工人趕製一條短褲——這就是世界上第一條帆布工作褲。後來，就是這種工作褲演變成一種世界性的服裝——李維牛仔褲。

那位礦工拿著帆布短褲，高興地走了。

李維已經考慮成熟了：立即改做工作褲！

成功人士的過人之處就在於能緊緊抓住很多偶然的東西，做出驚人的成就。

李維就是這樣：帆布褲一生產出來，就受到那些淘金工人的熱烈歡迎！這種褲子的特點是結實、耐磨、穿著舒適——大量的訂貨單如雪片般飛來，李維一舉成名。

一八五三年，李維成立「李維帆布工作褲公司」，大量生產帆布工作褲，專以淘金者和牛仔為銷售對象。

顧客的要求就像上帝的旨意，否則就會在弱肉強食、優勝劣汰的市場中失去優勢，甚至一敗塗地。

李維對此是心知肚明的。從帆布工作褲上市的第一天起，他就沒有停止過對自己產品進行改造的思考，哪怕是產品處於供不應求的狀況，他還是不斷從生活中發現問題，產生更新的創意。

他親自到淘金現場，細心觀察礦工的生活和工作特點，想盡辦法使自己的產品更能滿足顧客的需求。為了讓礦工免受蚊叮蟲咬，他將短褲改為長褲；為了便於礦工把樣品礦石放進褲袋時不會裂開，他將原來的線縫改為用金屬扣釘牢；為了讓礦工們更方便裝東西，他又在褲子的不同部位多加幾個口袋。

透過這些不斷的改進和提高，李維的褲子越來越得到礦工的歡迎，生意更加興隆了。後來，李維發現，法國生產的嗶嘰布與帆布同樣耐磨，但是比帆布柔軟多了，並且更美觀大方，於是決定用這種新式布料替代帆布。不久，他又將這種褲子改縫得較緊身些，使人穿上顯得挺拔灑脫。這一連串的改進，使礦工們更加歡迎。經過不斷的改進，牛仔褲的特有式樣形成了，「李維褲」的稱呼也改為「牛仔褲」這個獨具魅力的名稱。

都說全世界猶太人最聰明、最會做生意。東方不亮西方亮。淘金不成，可以選擇「分金」，這樣的手段確實高明。

仔細想想，為數眾多的淘金者和我們為了生計而奔波的芸芸眾生何其相似。在國內一度出現教師熱、學醫熱、ＩＴ熱、生物工程熱……一時之間，人們不能冷靜地分析，更別說用一種平常心來面對這樣不正常的社會現象，求學者趨之若鶩，結果只能造成某些行業的過度飽和。

這些事都跟心理學有關

此時，我們不妨學學李維，不被金錢沖昏頭腦，不隨波逐流，用平常心來看待「淘金」，同時要多動腦子，做一個聰明的「分金者」吧！

第4章

健康從「心」開始

失去，才會懂得珍惜

有一個人，他生前善良而且熱心助人，他的行為感動了上帝，所以在他死後，升上天堂，做了天使。上帝希望他當了天使以後，仍然可以經常到凡間幫助人，希望讓更多的人感受到幸福的味道。

一日，他遇見一個農夫，農夫的眉頭緊鎖，樣子非常苦惱，他向天使訴說：「我家的水牛剛死了，沒有牠幫忙犁田，我怎麼下田工作？我的老婆和孩子們每天吃什麼？」

於是，善良的天使略施小計，賜他一頭健壯無比的水牛，農夫很高興，天使在他身上感受到真正幸福的味道。

又一日，他遇見一個男人，男人非常沮喪，樣子很狼狽，他向天使訴說：「我用來做生意的錢被騙光了，沒有足夠的盤纏回鄉。」

於是，天使給他足夠的銀兩讓他用做路費，男人很高興，天使在他身上同樣感受到幸福的味道。

又一日，天使遇見一個詩人，詩人年輕、英俊、有才華、富有，妻子貌美而溫柔，但是他過得不快樂。

天使問他：「你不快樂嗎？我能幫你嗎？」

詩人對天使說：「你看到了嗎？我有美酒，有嬌妻，有庭院，有名譽，在別人眼裡我應有盡有，但是我還是欠一樣東西，你能夠給我嗎？」

天使回答：「可以。在上帝的幫助下，你要什麼我都可以給你。」

詩人直直地望著天使，喃喃地說：「我要的是幸福。」

這下子，天使感到有些意外，他給人們帶去過金錢，帶去過健康，但是……天使想了想，說：「我明白了。」

然後轉眼間，天使把詩人擁有的都拿走了。

天使拿走詩人的才華，毀去他的容貌，奪去他的財產和他妻子的性命。

天使做完這些事情以後，就匆匆地離去，他要去幫助更多在等待他幫助的人。

一個月過去了，一年過去了。天使再一次回到詩人的身邊，他那時餓得幾乎半死，衣衫襤褸地躺在地上無力地掙扎。

天使搖了搖頭，覺得是時候了。於是，天使把詩人曾經擁有的一切還給他，然後又離去了。

又一個月過去了，天使決定再去看看詩人。

這次，詩人摟著妻子，不住地向天使道謝。

因為，他真正得到幸福了。

人生在世，可以找到一千個理由難過，同樣的，也可以找到一萬個理由快樂。懂得知足的人可以找到幸福，懂得珍惜的人可以找到快樂。

世界上沒有絕對的幸福，只有不肯快樂的心。當生活和生命不期而遇，上帝只會善待那些善待生活的人。美好的生活開始於擁有一顆輕鬆自在的心，不管外在的世界如何變化，自己都能有一片清靜的天地。

幸福不在熱鬧繁雜中，不在珠光寶氣中，更不在一顆所求太多的心中，放下掛礙、開闊心胸，心裡自然快樂無憂。

這些事都跟心理學有關

生命，對每個人來說都只有一次，我們應該好好珍惜，不要像故事中的詩人一樣，失去了，才知道曾經擁有的東西值得珍惜。

欣賞人生旅途中的風景

蘇格拉底和拉克蘇相約到很遠很遠的地方去遊覽一座大山。據說，那裡風景如畫。人們到了那裡，會產生一種飄飄欲仙的感覺。

許多年以後，兩人終於相遇了。他們都發現，那座山實在太遙遠。他們就是走一輩子，也不可能到達那個令人神往的地方。

拉克蘇頹喪地說：「我竭盡全力奔跑過來，結果什麼都沒有看到，真叫人傷心。」蘇格拉底撣了撣長袍上的灰塵，說：「這一路有許多美妙的風景，難道你都沒有注意到？」

拉克蘇一臉的尷尬神色：「我只顧朝著遙遠的目標奔跑，哪有心思欣賞沿途的風景啊！」「那就太遺憾了。」蘇格拉底說，「當我們追求一個遙遠的目標時，切莫忘記，旅途處處有美景！」

有時候，美好的風景其實就在離你很近的地方，但是因為你把目光投向遙遠的地方，結果對身邊的風景視而不見。很多人把自己的人生目標定得非常高，總是無法實現，於是越來越灰心，最終連目標也沒有了。有時候，只需要降低一點點，生活就會好很多。

現代人的生活喧囂而忙碌，越來越多的人變得只重視事情的最終結果，而往往忽視好好享受與體味人生豐富的過程。這就像燒開水，許多人不想燒前面的「99℃」，只想燒最後的「1℃」。人們不想爬山，只想一步到達頂點。於是，他們的人生越來越像是一個被他們在匆忙中嚥下的三明治，細細去品味美味濃湯的感覺，已經離他們很遠了。

有兩棵大小相同的樹苗，同時被主人種下，也被一視同仁地細心照料，但是這兩棵樹的起跑點雖然相同，後續的成長狀況卻大不相同。

第一棵樹拼命地吸收養分，一點一滴儲備下來，仔細地滋潤身上的每一根枝幹，慢慢地累積能量，默默地盤算如何讓自己扎扎實實、健康茁壯地成長。

另一棵樹也非常努力地吸收營養，但是它追求的目標與第一棵樹不同，它將養分全部聚集起來，並使勁地將這些養分推至樹端，一心想著如何讓開花結果的時間提早來到。

第二年，第一棵樹開始吐出嫩芽，也十分積極地讓自己的主幹長得又高又壯；另一棵樹也長出嫩葉，但是它卻迫不及待地擠出花蕾，似乎隨時都可以開花結果。

這個景象讓農夫非常吃驚，因為第二棵樹的成長狀況非常驚人。只是，當果實結成時，由於這棵樹尚未長成，卻提早承擔開花結果的責任，因此一時之間吃不消，把自己折騰得累彎了腰，至於所結的果實更是因為無法充分吸收養分，比起一般正常的果實要酸澀。

再加上它的體型矮小，許多孩子們都喜歡攀上樹端嬉戲玩樂，並且拿那些還未成熟的果實遊戲，時日一久，這棵樹在身心受創的情況下，逐漸失去生長的活力。

第一棵樹的情況卻完全相反，原本不被看好的它，反而越來越茁壯，在經年累月的耐心等待之後，終於花蕾綻放。

由於養分充足、根基穩固，不久結成的果子也比其他的樹更大更甜，而那急於開花結果的第二棵樹卻日漸枯萎。

很多人就像第二棵樹一般，只學會皮毛，就急著出頭表現。然而，當他的皮毛用盡，也就表示能力只有如此而已。

這些事都跟心理學有關

智慧的哲人教導我們在追尋遙遠的人生目標時，不要忘記欣賞旅途上的風景。

從「打著滾賺錢」到「在金錢中打滾」

湯姆．莫納漢是達美樂餐館連鎖店的老闆，他開始經商時卻並非一帆風順，也是失敗連連。可是湯姆．莫納漢對失敗有新的認識，不同的見解。這個「從打著滾賺錢到在金錢中打滾」的企業家，是怎麼定義失敗的？

一九六〇年，湯姆．莫納漢向他哥哥傑姆借了九百美元，在東密西根大學附近開了一家披薩店，只要學校不放假，生意就很好。莫納漢就住在店裡，親自準備日用調味品和新鮮麵團，準備餅上用的蔬菜和肉，連續花數小時把乳酪切成丁……哥哥傑姆在郵局有一份穩定的工作，所以花在生意上的時間比較少。當生意變得越來越糟糕後，他們的合作崩潰了，傑姆將自己的那一半股份賣給湯姆。「是一個挫折，」湯姆承認，「但是我始終保持樂觀的態度，我知道生意能否成功就只有靠自己。我歡迎挑戰。」

湯姆以前很喜歡待在學校裡，但是現在他除了整天照顧生意以外，沒有其他的選擇。為了擴大生意，他發現一個經營披薩並且第一個提供免費家庭送餐服務的人。湯姆急切地希望與他合作，對方提出支付五百美元的投資，但要取得平等的合夥人資格，湯姆不得已接受了。

那年秋天，湯姆和新合夥人開了兩家餅店，後來又增加一個全方位服務的餐廳。但始終沒有看到合夥人的五百美元，而且由於合作夥伴以前的破產，所有的費用支出仍然是以湯姆的名義。湯姆每星期工作一百個小時，開著一輛破舊的汽車送餐。偶爾從帳目上兌現僅一百二十五美元的週薪，合夥人卻縱情揮霍，買車買房，給房子進行豪華的裝修。儘管朋友們都警告湯姆這個人只是在利用他，但湯姆認為這個人過去的經驗是筆資產，自己需要他。湯姆說：「我相信只要我公平待他，我是不會受到傷害的。」

幾年後，合夥人因病住進醫院，並要求解除合作關係時，湯姆仍然相信信任是解決問題的最好辦法。由於合作關係變得錯綜複雜，湯姆的律師建議他宣告破產然後重新開始。

但湯姆堅決反對破產，並且繼續支付給合夥人二萬美元的分紅。湯姆清楚地知道，如果不解除合約，合夥人再次負債，那些債務將落在自己名下。可是湯姆希望他康復，能保持健康並償還債務，並且能回來繼續和自己一起開披薩店。

湯姆的目標是要開第一流的披薩店，並且在亞普斯蘭迪市享有最好的聲譽。為了實現這些，他對用料制定非常嚴格的標準，所有原料必須是最好的，而且每天所用的生麵團必須是新鮮的。

他的生意在不斷地擴大，逐漸地，他還清合夥人帶來的債務。他每天工作十八個小時，從上午十點到次日凌晨四點。就這樣，一個星期七天，天天循環往復。幾年的辛勤努力使他能夠用活期存款付帳，並且使他有片刻喘息的機會。他利用工作假期休息一段時間，和妻子一起參觀每家披薩商店。湯姆的目的是向其他人學習經營的過程，以便日後管理更大的生意。對湯姆來說，這是一次激動人心的旅行，看到的東西真的開始在他心中形成想法，湯姆非常急於把商店擴展到亞普斯蘭迪市之外的周邊地區去發展，並將自己的達美樂披薩推廣到整個密西根州。

後來，他與合夥人解除合作關係，兩年後，湯姆最擔心的事發生了。他的前合夥人宣布破產，在感恩節，湯姆給妻子帶來這個傷心的消息。湯姆現在要承擔七・五萬美元的債務。「我曾經那麼努力地工作來建立我的生意，使它發展壯大，」湯姆說，「我簡直不敢相信，我失去所有的東西。」他與債權人制定償還計畫，並且承諾償還合夥人欠的每一分錢。假如湯姆在這次失敗的打擊下倒下去，他的人生將在此處墜落，直到消逝。然而，堅強的他毅然決定從頭開始，在他心中有一種希望。

第二年，償還所有債務以後，他賺了五萬美元純利潤。但是好景不長，一場大火燒毀他的主要餅店，損失十五萬美元，保險公司根據投保的財產只支付給他一・三萬美元。達美樂幾乎破產了，但湯姆還是沒有放棄，他盡量削減開支，想盡一切辦法來彌補火災造成的損失。就這樣，湯姆又一次開始披薩的生產。

一九六七年四月一日，第一家達美樂授權專營店開業了。湯姆的律師提醒他事業擴展要慢一些，要把注意力更多地放在經營現有的生意上。湯姆沒有耐心去考慮太多的法律細節，將生意規模不斷地擴大，並且像以前那樣辛勤地工作。

他的努力沒有白費，一年半以後，達美樂又重新崛起了。達美樂已經發展到十二家分店，還有十二家正在建設中，人們開始邀請他講述成功經驗。作為一個組織，達美樂正在走向成熟，人們紛紛傳言達美樂要透過公開出售股份而成為股份公司。湯姆異常興奮。在近十年中，每星期七天，每天十六到十八個小時的工作，終於使他得到應該有的回報。

他的成功太出色了，簡直難以置信。但在隨後的十八個月裡，湯姆出現資金短缺，達美樂陷入財政危機。管理混亂，現金到處亂放，而且因為達美樂無法支付服務費，帳目管理公司也退出。沒有金融證明，湯姆根本就不知道自己究竟擁有多少財產。他很難相信帳本上寫的一百五十萬美元的資產。

他又一次走到破產的邊緣。

「我們過度地擴張，在一些地區，當首批店鋪還沒有完全建設好之前，我就急於增加新店，」湯姆解釋說，「另一個失誤就是讓沒有經驗、沒有接受過訓練的經理經營新店，同時，辦公室機構臃腫，人浮於事。」

幾個月前還讚揚他的商業機構，現在把他看作是最大的傻瓜。為了拯救達美樂，湯姆孤注一擲，開始尋找合作夥伴來幫助自己，但沒有找到。一個曾經給達美樂提供大量貸款的銀行建議湯姆，吸收一個當地商人參與生意，此人對扭轉處境困難的公司局面頗有經驗。

一九七〇年五月一日，湯姆・莫納漢很不情願地失去對公司的控制權，他將自己的部分股份賣給銀行，將剩餘的利息交給那位合作商人。他簽署一項協議，他可以繼續做總裁，但沒有任何權力。湯姆的個人財產很少，還是開著老式的破舊汽車，他擁有的家具只是幾張床和一套廚房用具，很明顯，湯姆從來沒有揮霍過錢。

為別人工作是令湯姆感到痛苦的事，但這讓他避免留下破產的檔案記錄。新的管理者關閉不賺錢的店鋪，裁減人員，並且清算剩餘資產。湯姆被任命負責十二家分店。當他奔波於這十二家分店時，為了節省錢他就睡在汽車裡。十個月後，那位當地商人想要退出，並判定達美樂沒有任何前途。考慮到達美樂即將被清盤，那位商人同意承擔湯姆的一個授權店，並將股份歸還給湯姆作為回報。湯姆重新接管達美樂，他請求債權人和銀行給他一段時間將生意恢復起來，並保證償還所有債務。大多數人都表示同意。然而，他的專營店授權商們不同意，他們以反托拉斯的訴狀將達美樂送上法庭。接到傳票後，湯姆坐在桌旁哭了。

在接下來的九年裡，湯姆緩慢地恢復生意，償還一筆筆債務。其中的五年時間，湯姆擊退一個侵犯達美樂商標權的糖業生產商。在萌芽中的披薩競爭中，湯姆努力經營達美樂，並且使之生存下來。

但湯姆所做的不僅使達美樂生存下來。他可以在三十分鐘內將一個美味而滾燙的披薩送至顧客家中，進而使達美樂餐館享有無可比擬的聲譽。這使得達美樂成為世界上最大的送貨上門的披薩店，湯姆也以佔有公司九七%股份的財產成為美國最富有的企業家之一。

這些事都跟心理學有關

「我感覺所有挫折都是從中吸取教訓的工具。我把它們當成墊腳石，而不是失敗。所謂失敗，就是你停止嘗試，我從來沒有停止過。」

讓失敗低頭

全國著名的推銷大師，即將告別他的推銷生涯，應協會和社會各界的邀請，他將在該城中最大的體育館，進行告別演說。

那天，會場座無虛席，人們在熱切地等待那位當代最偉大的推銷員做精彩的演講。當大幕徐徐拉開，舞台的正中央吊著一個巨大的鐵球。為了這個鐵球，台上搭起高大的鐵架。

一位老者在人們熱烈的掌聲中走出來，站在鐵架的一邊。他穿著一件紅色的運動服，腳下是一雙白色膠鞋。

人們驚奇地望著他，不知道他要做出什麼舉動。

這時，兩位工作人員抬著一個大鐵錘，放在老者的面前。主持人對觀眾說：請兩位身體強壯的人到台上。很多年輕人站起來，轉眼間已經有兩名動作快的跑到台上。

這時，老人開口和他們講規則，請他們用這個大鐵錘，去敲打那個吊著的鐵球，直到把它盪起來。

一個年輕人搶著拿起鐵錘，拉開架勢，掄起大錘，全力向那個吊著的鐵球砸去，一聲震耳的響聲，那個吊球動也沒動。他用鐵錘接二連三地砸向吊球，很快就氣喘吁吁。

另一個人也不示弱，接過大鐵錘把吊球打得叮噹響，可是鐵球仍舊一動不動。

台下逐漸沒有吶喊聲，觀眾好像認定那是沒用的，就等著老人做出什麼解釋。

會場恢復平靜，老人從上衣口袋裡掏出一個小錘，然後認真地看著那個鐵球。他用小錘對著鐵球「咚」敲了一下，然後停頓一下，再一次用小錘「咚」敲了一下。人們奇怪地看著，老人就那樣「咚」敲一下，然後停頓一下，就這樣持續地做。

十分鐘過去了，二十分鐘過去了，會場早已開始騷動，有些人乾脆叫罵起來，人們用各種聲音和動作發洩不滿。老人仍然一小錘一小錘不停地敲著，好像根本沒有聽見人們在喊叫什麼。人們開始憤然離去，會場上出現大塊的空缺。留下來的人們好像也喊累了，會場逐漸地安靜下來。

大概在老人進行到四十分鐘的時候，坐在前面的一個婦女突然尖叫一聲：「球動了！」剎那間，會場鴉雀無聲，人們聚精會神地看著那個鐵球。那個鐵球以很小的幅度動了起來，不仔細看很難察覺。

吊球在老人一錘一錘的敲打中越盪越高，它拉動那個鐵架「嘎、嘎」作響，它的巨大威力強烈地震撼在場的每個人。終於，場上爆發出一陣陣熱烈的掌聲，在掌聲中，老人轉過身來，慢慢地把那把小錘揣進口袋裡。

老人開口講話了，他只說了一句話：**在成功的道路上，沒有耐心去等待成功的到來，只好用一生的耐心去面對失敗。**

很多人以為成功很難，成功要付出太多，成功會很痛苦，就不去想和追求。是不是不成功就很舒服、很自在、很瀟灑？當然不是，事實上，不成功才真的更難。如果你不能成功，你必須學會去面對失敗。

生活在貧困線上的人，面對的是吃飯、受凍、生存這樣的大事，這是涉及到生死存亡的大事，他們的心理壓力會小嗎？他們可以用健康、犯罪，甚至是生命去爭取，只是為了換取生活中最基本的需要。

他們付出的代價是巨大的，他們又何以輕鬆？

人生在世，誰都期望有所成就，但追求成就就必然經歷挫折與失敗。尤其在社會競爭日益激烈的今天，機會增多，風險也隨之增多，失敗的機率也隨之增加。這就要求我們必須打破害怕失敗的枷鎖，用一顆平常心和足夠的耐心來接受和面對失敗！

在失敗的時候，要懂得看到自己的優點，告訴自己——一切還有希望。比如，你的老闆生氣地斥責你，給你一個非常差的評價。不要灰心失望，把自己的優點列出來寫在紙上，反覆地看幾遍，對自己說：「我還有很多優點，只是他沒有看到而已。」從哪裡跌倒，就應該從哪裡爬起來。不怕犯錯，就怕不知道如何改錯。

這些事都跟心理學有關

只要可以保持平常心和耐心，失敗也會在你的面前低頭。

完美的不一定是最好的

《聖經》記載，當亞當夏娃被逐出伊甸園後，人類互相殘殺掠奪，世間充滿強暴、仇恨和嫉妒。

上帝看到人類的各種罪惡，十分憤怒，決定用洪水毀滅這個已經敗壞的世界，只留下有限的生靈。上帝告訴諾亞說：「去用歌斐木打造一艘方舟吧，因為人類犯下的錯誤，我將懲罰毀滅他們。」

諾亞十分傷心，他問：「如果知道他們會因為犯下錯誤而被毀滅，當初你為什麼不直接派天使來到人間？」

上帝回答：「不，天使太完美了，太完美就沒有進步的可能，不完美是做人的代價，也是做人的本質。」

上帝能夠創造世界，也許全憑他不是一個完美主義者。倘求完美，他就該讓人類永生，讓美麗與和諧永恆，讓善良與正義萬歲，讓醜惡從來不曾出世。他就不應該創造花開花落、死死生生。他就該讓空間無邊無際，讓時間無始無終，讓生機無窮無盡，讓發展無限可能。

但是上帝沒有這樣做，因為這樣會破壞他的根本邏輯。

上帝畢竟是上帝，他知道對於人類來說，完美的不一定是最好的。但是在生活中，我們往往為了追求完美而「大動干戈」，最後可能沒有得到理想中的完美，反而把自己弄得遍體鱗傷。

有一次，約翰要在客廳裡釘一幅畫，請鄰居來幫忙。畫已經在牆上扶好，準備釘釘子，鄰居說：「這樣不好，最好釘兩個木塊，把畫掛在上面。」

約翰遵循他的意見，請他幫忙找木塊。

木塊很快找來了，正要釘的時候，鄰居突然說：「等一等，木塊有點大，最好鋸掉一點。」於是四處去找鋸子。找來鋸子，還沒有鋸兩下，「不行，這把鋸子太鈍了，」他說，「要磨一磨。」

鄰居家有一把銼刀，銼刀拿來了，他又發現銼刀沒有把柄。為了給銼刀安把柄，他又去學校外面的一個灌木叢裡尋找小樹。要砍下小樹，他又發現那把生滿老鏽的斧頭實在是不能用。他又找來磨刀石，可是為了固定磨刀石，必須製作幾根固定磨刀石的木條。為此，他又到校外去找一位木匠，說木匠家有一個現成的。然而，這一走，就再也沒有見他回來。

最後，至於那幅畫，約翰還是一邊一個釘子把它釘在牆上。下午再見到鄰居的時候，是在街上，他正在幫木匠從五金行裡往外抬一台笨重的電鋸。

任何事情都必須有度，越過這個度就會發生質變，就像水超過「100℃」就會變成汽，到了「0℃」會變成冰一樣，對完美的追求超過一定的度，就可能成為一個不完美的脆弱蛋殼，無論從其外形看起來有多麼誘人，都經不起生活中的輕輕一擊。

生活中的成功者，往往並非是擁有別人所不及的天賦。他們與普通人的最大區別在於，是否善於把不完美的一切盡可能地利用起來，盡可能地實現圓滿。

有一次，世界著名小提琴家歐利・布林在巴黎舉行一次音樂會。在飽含深情的演奏過程中，小提琴上的A弦突然崩斷了。

一般來說，演奏者在這種情況下會停下來，換一把提琴再演奏。如果找不到另一把適用的小提琴，這支曲子也就只好到此為止。

但是歐利・布林在這種情況下表現出與眾不同的天才：他用剩下的其他三根弦演奏完那支曲子。

這些事都跟心理學有關

這就是生活中最重要的一課，教我們如何面對生命中的不足與缺憾：如果小提琴的A弦斷了，就在其他三根弦上把曲子演奏完。

幸福是一種心態

兩隻老虎，一隻終日被關在動物園的鐵籠子裡，經過馴化成為遠近聞名的動物明星，整天過著三餐無憂的生活。偶爾一次獻媚的表演不僅會博得全場熱烈的掌聲，而且還會獲得一頓豐盛的晚餐。為了生活，為了生活得更好一些，老虎不得不使出渾身解數，做出各種各樣的動作來取悅遊客。

這樣的生活，日復一日，年復一年。每當夜深人靜的時候，唯一一個可以看見星光的天窗，就成為老虎最嚮往的地方，牠總會拖著臃腫而疲憊的身體，向著家鄉的方向近乎絕望地久久凝望。牠忘不了森林裡雨後的芳香，忘不了年少時夥伴們嬉戲的廣場……牠多麼想回到森林裡，過著自由的天堂般的生活。

另一隻老虎，牠常年生活在茂密的原始森林裡，過著居無定所、食不果腹的生活。一雙銳利的眼睛，飄忽不定，閃爍警惕的光芒。牠無時無刻不在提醒自己，也許再往前邁一步，就會踩到獵人的陷阱裡，也許身後的大樹旁有獵人拿槍瞄準自己的心臟，也許吃完腳下的這隻黃羊，下一頓飽餐還不知方向，也許在熟睡的夢裡，一場瓢潑大雨就會將自己澆一個透心涼……牠多麼羨慕籠子裡的那隻虎明星，不用為覓食拼命奔波，不用為躲過獵人的追捕而終日惴惴不安，甚至不用為爭奪地盤而和同伴進行一場場近乎血腥的廝殺。

一次偶然的機會，兩隻老虎終於如願以償。虎明星成功地逃離桎梏牠多年幸福的鐵籠子，牠又回到令自己魂牽夢繞的森林裡，又一次聽到鳥語，聞到花香。在樹上用力擦了擦爪子之後，牠對未來的生活充滿信心。森林裡的那隻老虎卻榮幸地鑽進籠子，牠終於可以睡個安穩覺，長舒一口氣後甚至做上當明星的美夢。

時間在不知不覺中過去了，原來的虎明星在林子裡餓得兩眼直冒金星，曾經油光發亮的毛皮變得斑斑駁駁，被樹皮掛住並在風中瑟瑟發抖的毛髮，是牠每次狼狽逃跑的真實見證。牠甚至開始懷念動物園裡的日子，懷念曾經不屑一顧的各種美味，那種感覺雖然單調但卻也安逸。疲軟的四肢告訴牠，牠已經不再屬於森林，這裡不再是牠夢中的天堂。終於，第二天，牠因為饑餓過度，體力有限，經驗不足，繼而淪為獵人的戰利品。

那隻關在籠子裡的虎兄，由於在森林裡過慣了流浪的生活，骨子裡的野蠻不會在馴獸員的皮鞭下輕易屈服，游離狡猾的目光使牠的獻媚讓人感到毛骨悚然。幾個回合下來，馴獸員對牠失去信心。做明星的美夢破滅了，望著眼前粗悍的鐵柵欄，老虎潸然淚下，牠受不了狹小的空間限制，不禁又想起生牠養牠的森林，那裡有牠的自由，那裡有牠的追求……這隻可憐的老虎因為心事重重鬱悶而死。

故事的結尾是悲慘的，又是發人深思的。本來生活得好好的兩隻老虎，卻因為互相羨慕對方的所謂幸福生活而最終一命嗚呼。設想一下，如果牠們從始至終，一直很珍惜各自擁有的一切，結果又會如何？

不要只是一味地豔羨別人。幸福對於我們來說，無時不在，無時不有。它不會因為你是掌權者而頻頻光顧，也不會因為你是平民百姓而與之疏遠；它不會因為你富有而慷慨，也不會因為你貧窮而吝嗇；它不會因為你年老體弱而駐足不前，也不會因為你年輕強健而過分親暱……

一位挑水夫，有兩個水桶，分別吊在扁擔的兩頭，其中一個水桶有裂縫，另一個則完好無缺。在每趟長途的挑運之後，完好無缺的水桶，總是能將滿滿一桶水從溪邊送到主人家中，但是有裂縫的水桶到達主人家時，卻只剩下半桶水。

兩年來，挑水夫就這樣每天挑一桶半的水到主人家。當然好水桶對自己能夠送滿整桶水很感自豪。破水桶呢？對於自己的缺陷非常羞愧，它為自己只能負起責任的一半，感到非常難過，它特別羨慕好水桶的完整。

它終於忍不住，在小溪旁對挑水夫說：「我很慚愧，必須向你道歉。」「為什麼？」挑水夫問道，「你為什麼覺得慚愧？」

「過去兩年，因為水從我這邊一路的漏，我只能送半桶水到你主人家，我的缺陷，使你做了全部的工，卻只收到一半的成果。」破水桶說。挑水夫替破水桶感到難過，他蠻有愛心地說：「在我們回主人家的路上，我要你留意路旁盛開的花朵。」

果真，他們走在山坡上，破水桶眼前一亮，看到繽紛的花朵，開滿路的一旁，沐浴在溫暖的陽光之下，這個景象使它開心許多！但是，走到小路的盡頭，它又難受了，因為一半的水又在路上漏掉了！破水桶再次向挑水夫道歉，挑水夫說：「你有沒有注意到小路兩旁，只有你的那一邊有花，好水桶的那一邊卻沒有開花？我明白你有缺陷，因此我善加利用，在你那邊的路旁撒了花種，每回我從溪邊回來，你就替我澆了一路花！」

「兩年來，這些美麗的花朵裝飾主人的餐桌。如果你不是這個樣子，主人桌上也沒有這麼好看的花朵！」

這些事都跟心理學有關

命運賜給我們歡樂和機會，同時也給我們缺憾與苦難，我們沒有必要怨天尤人，更不必以偏概全、畏縮自卑。用豁達、寬容的態度對待生活，就會減少許多無奈與煩惱，多一些歡樂與陽光。只有如此，才能做命運的主人。

把夢想現實化

有一個男孩，住在山腳下的一幢房子裡，喜歡動物、跑車、音樂。他爬樹、游泳、踢球，喜歡漂亮女孩，過著幸福的生活，只是經常要讓人搭車。

有一天，男孩對上帝說：「我想了很久，我知道我自己想要什麼。」

「你需要什麼？」上帝問道。

「我要住在一幢前面有門廊的房子裡，門前有兩尊聖伯納德的雕像，並且有一個帶後門的花園。我要娶一個美麗的女子做我的妻子，她的性情溫和，有一頭黑色的長髮，有一雙藍色的眼睛，會彈吉他，有美麗動聽的嗓音。」

「我還要有三個健壯的男孩，我們可以一起踢球。他們長大後，一個當科學家，一個做參議員，而最小的一個將是橄欖球隊的四分衛。」

「我要成為航海、登山的冒險家，並在旅途中救助他人。我要有一輛紅色的法拉利跑車，而且永遠不需要搭送別人。」

「聽起來真是美好的夢想，」上帝說，「希望你的夢想能夠實現。」

後來有一天，在踢球時男孩磕壞了膝蓋。從此，他再也不能登山爬樹，更不用說去航海了。因此，他學了商業經營管理，而後經營醫療設備。

他娶了一位溫柔美麗的女孩，有一頭黑色的長髮，但是她不高，眼睛也不是藍色的，而是褐色的。她不會彈吉他，她甚至不會唱歌，卻會做一手好菜，會畫一手好花鳥畫。

因為要照顧生意，他住在市中心的高樓大廈裡，從那兒可以看到藍藍的大海和閃爍的燈光。他的屋前沒有聖伯納德的雕像，但是他養著一隻長毛貓。

他有三個美麗的女兒，坐在輪椅中的小女兒是最可愛的一個，而她卻不能做橄欖球隊的四分衛。三個女兒都很愛她們的父親。她們雖然不能陪父親踢球，但是有時候會一起去公園玩飛盤，小女兒就坐在旁邊的樹下彈吉他，唱著動聽而久縈於心的歌曲。

他過著富足而舒適的生活，但是他沒有紅色的法拉利跑車。有時候，他還要取送貨物——甚至貨物不是他的。

一天早上醒來，他記起多年前自己的夢想。「我很難過，」他對周圍的人不停地訴說，抱怨他的夢想沒能實現。他越說越難過，簡直認為現在的這一切都是上帝與他開的一個玩笑。妻子、朋友們的勸說他一句也聽不進去。

最後，他終於悲傷得病並且住進醫院。一天夜裡，所有人都回家了，病房中只留下護士。他對上帝說：「還記得我是一個小男孩時，對你講述的夢想嗎？」

「那是一個可愛的夢想。」上帝說。

「既然可愛，你為什麼不讓我實現我的夢想？」他問上帝。

「你已經實現了，」上帝說，「只是我想讓你驚喜一下，給你一些沒有想到的東西。」

「我想，你應該注意到我給你的東西：一位溫柔而又美麗的妻子，一份好工作，一處舒適的住所，三個可愛的女兒——這是最美好的家庭組合。」

「是的，」他打斷上帝的話，「但是我以為你會把我真正希望的東西給我。」

「我也希望你會把我真正希望的東西給我。」上帝說。

「你需要什麼？」他問上帝，他從沒想到上帝也會有希望得到的東西。

「我希望你能因為我給你的東西而感到快樂。」上帝說。

他在黑暗中靜思一夜。他決定要有一個新的夢想，他要讓自己夢想得到的東西，就是自己擁有的東西。

後來，他康復出院，幸福地住在四十七層的公寓中，欣賞孩子們的悅耳聲音、妻子深褐色的眼睛，以及精美的花鳥畫。晚上，他注視大海，心滿意足地看著明明滅滅的萬家燈火。

這個故事是美國的洛伊・塞伯爾德說給我們聽的。

這些事都跟心理學有關

他告訴我們，夢想與現實之間永遠會有距離和差異。找到你可以達到的高度，把你擁有的一切看作是上帝的恩賜，懷著一顆感恩的心，享受現實帶給我們的一切吧！

做最好的自己

一大早，艾爾比開著小型運貨汽車來了，車後揚起一股塵土。

他卸下工具後就開始工作。艾爾比會刷油漆，也會修修補補，能做木工，也能做電工，修理管道，整理花園。他會鋪路，還會修理電視機。他是一個心靈手巧的人。

艾爾比上了年紀，走起路來步伐緩慢沉重，頭髮理得短短的，褲腿留得很長，他為別人工作。

他的主人有幾間草舍，其中有一間，科恩在夏天租用。每年春天艾爾比把自來水打開，到了冬天再關上。他把洗碗機安置好，把床架安置好，還整修路邊的牲口棚。

艾爾比擺弄起東西來就像雕刻家那樣有權威，那種用自己的雙手工作的人才有的權威。木料就是他的大理石，他的手指在上邊摸來摸去，摸索什麼，別人不太清楚。一位朋友認為這是他自己的問候方式，接近木頭就像騎手接近馬一樣，安撫它，使它平靜下來，而且他的手指能「看到」眼睛看不到的東西。

有一天，艾爾比在路那頭為鄰居們蓋了一個小垃圾棚。垃圾棚被隔成三間，每間放一個垃圾桶。棚子可以從上邊打開，把垃圾袋放進去，也可以從前邊打開，把垃圾桶挪出來。小棚子的每個蓋子都很好開，門上的合葉也安得嚴絲合縫。

艾爾比把垃圾棚漆成綠色，然後晾乾。一位鄰居走過去看看，為這個棚子竟然是一個人做的而不是在什麼地方買的而感到驚異。鄰居用手撫摸光滑的油漆，心想完工了。不料第二天，艾爾比帶著一台機器又回來了。他把油漆磨毛了，不時地用手摸一摸。他說，他要再塗一層油漆。儘管照別人看來這已經夠好了，但這不是艾爾比工作的方式。經他的手做出來的東西，看起來不像是自己家做的。

在艾爾比的天地中，沒有什麼神秘的東西，因為那都是他在某個時候製作的，修理的，或者拆卸過的。保險盒，牲口棚，村舍全是出自艾爾比的手。

艾爾比的主人們從事複雜的商業性工作，他們發行債券，簽定合約。艾爾比不懂如何買賣證券，也不懂怎樣經營一家公司。但是當做這些事時，他們就去找艾爾比，或是找像艾爾比這樣的人。他們明白艾爾比所做的是實實在在的、很有價值的工作。

當一天結束的時候，艾爾比收拾工具，放進小卡車，然後把車開走了。他留下的是一股塵土，以及至少還有一個想不通的小夥伴。這個人納悶，為什麼艾爾比做的這樣多，可得到的報酬卻這樣少。

然而，艾爾比又回來工作了，默默無語，獨自一人，沒有會議，也沒有備忘錄，只有自己的想法。他認為該做什麼工作就做什麼工作，自己的工作自己做，也許這就是自由的一個很好的定義。

這些事都跟心理學有關

一位詩人說過——不可能每個人都當船長，必須有人來當水手，問題不是在於你做什麼，重要的是能夠做一個最好的你。把身邊的工作做好，就是生活中的成功。

不經歷黑暗，如何珍惜光明？

一個年輕書生，自幼勤奮好學。貧瘠的小村裡，沒有一個好老師。書生的父母決定變賣一切家產，讓孩子外出求學。

這天，天色已晚，書生饑腸轆轆準備翻過山那頭找戶人家借住一宿。走著走著，樹林裡忽然竄出一個攔路搶劫的土匪。書生立即拼命往前逃跑，無奈體力不支再加上土匪的窮追不捨，眼看著就要被追上，正在走投無路時，書生一急鑽進一個山洞裡。土匪見狀，哪肯罷手，也追進山洞裡。洞裡一片漆黑，在洞的深處，書生終究未能逃過土匪的追逐，他被土匪逮住了。一頓毒打自然不能免掉，身上的所有錢財及衣物，甚至包括一把準備為夜間照明用的火把，都被土匪一擄而去，土匪給他留下的只有一條薄命。

完事之後，書生和土匪各自尋找山洞的出口，這個山洞極深極黑，而且洞中有洞，縱橫交錯。

土匪將搶來的火把點燃，他能輕而易舉地看清腳下的石塊，能看清周圍的石壁，因而他不會碰壁，不會被石塊絆倒，但是他走來走去，就是走不出這個洞，最終，惡人有惡報，他力竭而死。

書生失去火把，沒有照明，在黑暗中摸索行走得十分艱辛，他不時碰壁，不時被石塊絆倒，跌得鼻青臉腫。但是，因為他置身於一片黑暗之中，所以他的眼睛能夠敏銳地感受到洞裡透進來的一點點微光，他迎著這縷微光摸索爬行，最終逃離山洞。

這些事都跟心理學有關

如果沒有黑暗，怎麼可能發現光明？感謝黑暗！

富能量03

原來，什麼事都跟心理學有關

作者　王琳
美術構成　騾賴耙工作室
封面設計　斐類設計工作室
發行人　羅清維
企劃執行　張緯倫、林義傑
責任行政　陳淑貞

企劃出版　海鷹文化
出版登記　行政院新聞局局版北市業字第780號
發行部　台北市信義區林口街54-4號1樓
電話　02-2727-3008
傳真　02-2727-0603
E-mail　seadove.book@msa.hinet.net

總經銷　知遠文化事業有限公司
地址　新北市深坑區北深路三段155巷25號5樓
電話　02-2664-8800
傳真　02-2664-8801
網址　www.booknews.com.tw

香港總經銷　和平圖書有限公司
地址　香港柴灣嘉業街12號百樂門大廈17樓
電話　（852）2804-6687
傳真　（852）2804-6409

出版日期　2020年07月01日　二版一刷
定價　320元
郵政劃撥　18989626　戶名：海鴿文化出版圖書有限公司

國家圖書館出版品預行編目（CIP）資料

原來，什麼事都跟心理學有關 ／ 王琳作.
-- 二版. -- 臺北市 ： 海鴿文化，2020.07
面 ； 公分. --（富能量；3）
ISBN 978-986-392-315-2（平裝）

1. 生活指導　2. 自我實現

177.2　　109008043

SeaEagle

SeaEagle